일제 강점기 최초의 여성 노동 운동가
강주룡

역사의 책갈피에 숨어 있는 옛 여성들의 이야기,
여성 인물 도서관에서 꺼내 읽어 보세요.

일제 강점기 최초의 여성 노동 운동가

강주룡

김미승 글 | 클로이 그림

| 차례 |

인물 소개   6
인물 관계도와 연표   8

서간도에 부는 바람   10

어린 신랑   23

전빈을 따라나서다   36

여성 독립군이 되다   48

평원고무공장 여공   59

잔혹한 벌금 제도   76

살기 위해 죽기로 맞서다   87

세상에서 가장 높은 곳에 오르다	104
여기, 사람이 있습니다!	117

그때 그 사건 #노동_운동 #평원고무공장_파업	128
인물 키워드 #노동_운동가	130
한눈에 살펴보기 #여성_노동_운동_역사	134

인물 소개

강주룡(1901~1932)

가난한 집안을 위해 열심히 일하며 가족을 챙기다 혼인한 주룡. 독립운동을 하던 남편이 세상을 떠난 후, 시댁에서 쫓겨난 주룡은 먹고살기 위해 고무공장에 취직한다. 그곳에서 여공들이 적은 임금을 받으며 힘들게 일하는 것을 보자 주룡은 노동자로서 목소리를 내기 시작하는데…….

'이대로 당하고만 있을 수 없어. 여공들도 사람이야. 최소한의 인간적인 대우를 받을 자격이 있어!'

남편과 함께 일제에 맞섰던 독립운동가, 가난에 굴하지 않고 열심히 일했던 가장, 함께 일하는 여공들의 권리를 찾기 위해 을밀대 지붕 위에서 소리쳤던 노동 운동가.

우리나라 최초로 고공 시위를 펼치고 일하는 사람들의 권리를 찾기 위해 노력했던 일제 강점기 최초의 여성 노동 운동가, 강주룡의 삶을 들여다보자.

인물 관계도와 연표

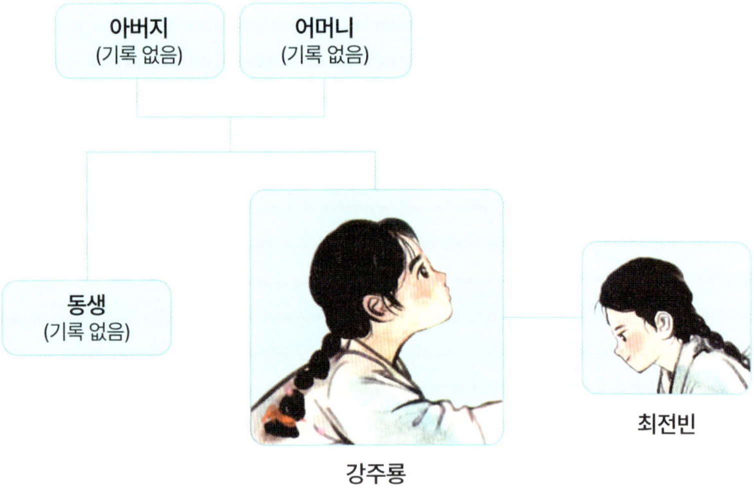

1901년	평안북도 강계에서 태어남.
1915년	만주 서간도로 이주함.
1921년	최전빈과 혼인함.
1922년	최전빈과 함께 대한통의부에서 독립운동을 하다가 홀로 집으로 돌아옴.
1923년	독립운동을 하던 최전빈이 세상을 떠난 후 시댁에서 쫓겨남.
1925년	친정 가족들과 조선으로 돌아옴.
1926년	평원고무공장에 취직함.
1930년 8월	평양 고무공장 노동자의 임금 삭감과 정리 해고에 반대하는 파업에 참여함.
1931년 5월	공장 사장이 노동자들의 임금을 삭감한다고 통보하자 평원고무공장 파업을 주도하고 아사 동맹을 맺음. 파업을 하던 공장에서 쫓겨나자 홀로 을밀대에 올라 고공 시위를 함.
1931년 6월	적색 노동조합에 가입했다는 이유로 감옥에 갇힘.
1932년 6월	몸이 아파서 풀려남.
1932년 8월	평양 빈민굴에서 세상을 떠남.

서간도에 부는 바람

푸르르륵 푸르르륵. 주룡은 놀라 눈을 떴다. 창호지 바른 문으로 푸르스름한 새벽빛이 비쳐들고 있었다. 바람이 휘몰아치는지 문풍지가 세차게 떨었다.

'어휴, 저 지겨운 바람!'

고향인 평안북도 강계에서 서간도로 이사 온 지도 두 달이 지났는데, 주룡은 아직도 바람 소리에 놀라 깨고는 했다. 서간도는 강계보다 북쪽에 있어서 더 춥고 바람도 세찼다. 좀 더 자려고 했지만 달아난 잠은 돌아오지 않았다. 주룡은 뒤척이다 저도 모르게 한숨이 터져 나왔다.

"휴!"

"어린것이 뭔 한숨이야? 오늘부터 일 가야 하니까 더 자 둬."

언제 깼는지 주룡의 어머니가 잠꼬대처럼 말했다.

"저 바람 소리……."

어머니는 더는 대꾸가 없더니 금세 코 고는 소리가 났다. 멀리서 개 짖는 소리도 들려왔다. 주룡은 이불을 머리끝까지 뒤집어쓰고 귀를 막았다. 저녁밥을 먹다가 어머니가 했던 말이 폭풍처럼 귓전을 때렸다.

"주룡이 내일부터 통화현 최 부자 댁에 가서 일하기로 했다!"

"최 부자 댁이요?"

주룡은 느닷없는 말에 눈이 휘둥그레져 물었다.

"너도 이제 열네 살인데 밥벌이라도 해야지."

주룡은 밥이라는 말에 귀가 솔깃했다. 밥다운 밥을 먹어 본 지가 언제인지 기억조차 가물가물했다. 서간도에 와서는 시래기 삶은 물에 보리쌀 한 줌 훌훌 풀어 쑨 풀죽이 전부였다. 그마저도 흡족하게 먹지 못했다. 최 부자 댁에서 일하면 밥을 먹을 수 있을지도 모른다는 기대감에 설렜다.

"누난 좋겠다. 부잣집에 가면 쌀밥 먹을 수 있잖아."

옆에서 남동생이 부러운 눈으로 주룡을 쳐다보았다.

그러나 설렜던 기분은 밤이 되면서 점차 불안으로 바뀌어 갔다.

'주인은 어떤 사람일까? 허드렛일이라지만 내가 잘할 수 있을까?'

그런 걱정 때문에 주룡은 깊이 잠들지 못하고 뒤척였다.

주룡의 아버지와 어머니는 매일 삯일을 찾아 나갔다. 고향을 떠나올 때 아버지가 말했다.

"서간도에 가면 꼭 농사지을 내 땅을 마련할 거야."

고향에서 가난에 쪼들리던 사람들은 그렇게 꿈을 안고 서간도로 왔다. 그러나 생각했던 것처럼 농사지을 땅을 마련하기가 쉽지 않았다. 주룡의 가족도 마찬가지였다. 하루 벌어 하루 끼니를 때우는 형편이었다. 어린 동생이야 어쩔 수 없다 하더라도 열네 살인 주룡은 밥벌이를 해야 했다. 최 부자 댁 허드렛일 자리도 어머니가 부탁해서 어렵게 얻은 것이라 했다.

"강주룡이라고 합니다. 열심히 일하겠습니다."

주룡은 어머니가 시킨 대로 다부지게 말했다.

"흠, 너로구나. 우선 저기 있는 가마니들을 창고에 쌓아 둬라."

최 부자 댁 행랑어멈*은 주룡을 한 번 힐끗 쳐다보고는 일부터 시켰다. 행랑어멈은 말을 하면서도 쉴 새 없이 손을 놀렸다. 부지런함이 몸에 밴 것 같았다. 주룡은 마당에 널브러진 가마니들을 창고로 옮겼다. 창고 안에는 쌀가마니들이 가득 쌓여 있었다.

'와, 부자는 역시 다르네!'

주룡이 창고 안을 기웃거리고 있는데 행랑어멈이 주룡을 불렀다.

"얘, 겨울 해 짧다. 빨래터 붐비기 전에 얼른 가서 빨래해 와."

행랑어멈이 턱으로 가리키는 곳에는 빨랫감이 수북이 쌓여 있었다. 주룡은 빨랫감을 광주리에 담아 이고 빨래터로 갔다.

빨래터는 벌써 붐비고 있었다. 개울가에 빨랫돌 하나씩 꿰차고 앉은 아낙들이 힘차게 방망이를 두들겨 댔다. 주위에는 어머니

• **행랑(行廊)어멈** : 남의 집 대문간에 붙어 있는 방인 행랑에 살면서 대가로 그 집의 심부름이나 궂은 일을 해 주는 나이 든 여자 하인

를 따라와 물장난하는 아이들이 있었고, 자갈밭 위에서는 커다란 빨래들이 마르고 있었다. 주룡은 자리를 잡기 위해 두리번거리다 물 흐름이 좋은 쪽으로 갔다. 이미 다들 한 자리씩 차지하고 빨래를 하고 있었지만 그중 제일 반듯한 빨랫돌이 있는 자리가 금방 끝날 것 같았다. 주룡은 그 뒤에 광주리를 내려놓고 앉아 기다렸다. 물은 손가락이 저리게 차갑겠지만 맑고 깨끗해 보였다. 하늘도 유난히 푸르렀다.

그런데 잠시 후, 덩치 큰 여자가 광주리를 이고 그 자리로 성큼성큼 다가가더니 앙칼지게 말했다.

"일어나! 여긴 내 자리야!"

빨래하던 이가 놀라 뒤돌아보았다. 주룡의 또래로 보이는 소녀였다.

"어머나, 성님 나오셨소?"

소녀 곁에서 빨래하고 있던 턱이 뾰족한 아낙이 부리나케 일어나 광주리를 받아 내렸다.

"에구, 얼른 일어나! 내가 뭐랬어. 성님 곧 올 거라고 여기 앉지 말랬잖아."

뾰족 턱이 덩치 큰 여자의 눈치를 보면서 말했다. 소녀는 얼른 주섬주섬 빨래를 담아 자리에서 물러났다. 그러자 덩치 큰 여자가 잽싸게 궁둥이를 들이밀고 앉았다. 그 광경을 바라보던 주룽은 화가 났다. 동네 속사정이야 알 수 없었지만 새치기하는 것은 참을 수 없었다.

"저기요, 내가 아주머니보다 먼저 와서 기다리고 있었어요. 그리고 여기가 왜 아주머니 자리예요? 얘가 먼저 하고 있었잖아요. 차례를 지켜야지요."

주룽의 말에 덩치 큰 여자가 눈살을 찌푸렸다.

"얜 뭐야? 못 보던 애네."

"전 오늘부터 최 부자 댁에서 일하게 된 강주룽이라고 합니다."

주룽은 또박또박 자기소개를 했다.

"최 부자 집? 머슴?"

순간 덩치와 뾰족 턱이 눈빛을 주고받더니 입가에 묘한 비웃음을 흘렸다. 그러더니 무슨 일이 있었냐는 듯 태연하게 돌아앉아 빨래를 했다. 주룽은 무시당하는 것 같아 화가 났다. 주룽은 빨래터에 있는 사람들을 돌아보았다. 다들 모른 척, 안 본 척, 그저 자기 빨래만 열심히 하고 있었다. 주룽의 편을 들어 주는 사람은 없었다.

"아주머니가 이 자리 사기라도 했어요?"

주룡은 사람들 들으라고 더 목소리를 높였다.

"뭐? 얘가 아주 버릇이 없네. 어른이 그렇다면 그런 줄 알아야지 어디서 따져?"

덩치가 주룡에게 눈을 부라렸다.

"그런 게 어딨어요? 빨래터는 동네 사람 누구나 자유롭게 사용하는 것이지, 자리를 정해 놓는 게 말이 돼요?"

주룡은 물러나지 않고 따졌다. 그러자 소녀가 가만히 주룡의 팔을 잡아당겼다.

"저기……."

소녀가 빨래터 가장자리 쪽을 가리키면서 고개를 살짝 저었다. 소용없으니 그만하라는 뜻이었다. 주룡은 물러나고 싶지 않았지만 행랑어멈이 기다리고 있을 것을 생각하니 더 머뭇거릴 수가 없었다. 주룡은 씩씩거리며 가장자리 쪽으로 갔다.

"나는 덕이야. 김덕이. 열네 살이고 통화현에 살아."

덕이는 묻지도 않았는데 자기소개를 했다. 주룡과 동갑이었다. 서간도로 이사 온 후 동갑내기를 만난 것은 처음이어서 주룡도 반갑게 인사했다.

"나는 강주룡. 나도 열네 살이야."

　덕이는 자기 빨래를 다 하고 주룡의 빨래를 도와주었다. 빨래하는 손놀림이 야무졌다. 거친 손으로 보아 덕이도 집안 형편이 어려운 것 같았다. 주룡은 왠지 덕이가 마음에 들었다. 콧잔등을 옹그리며 웃는 모습도 참 보기 좋았다.
　"우리 친구 하자."
　둘은 친구가 되기로 약속하며 새끼손가락을 걸었다.

다음 날 아침, 주룡은 자기도 모르게 콧노래를 흥얼거렸다.

"우리 주룡이, 최 부자 댁 일 가는 게 좋은 모양이네."

주룡의 어머니가 조금 놀란 표정으로 말했다.

"응. 어제 친구를 사귀었거든요. 빨래터에서 만났는데, 이름은 김덕이. 나랑 동갑이에요. 좋은 아이 같아요."

하지만 주룡의 들뜬 표정과는 달리 어머니는 걱정스러운 표정을 지었다.

"거긴 일터야. 친구 사귀러 가는 곳이 아니니까 행여 행랑어멈 눈 밖에 나지 않게 조심해. 거저 얻은 자리가 아니야."

그러면서 주룡의 어머니가 뒷머리를 만졌다. 늘 꽂고 있던 은비녀 대신 나무 비녀가 꽂혀 있었다. 일자리 값으로 준 모양이었다.

"게으르단 소리 듣지 않게 부지런히 해."

주룡은 어머니의 말이 야속하면서도 미안했다. 어머니는 혼인할 때 외할머니에게 받은 유일한 선물이라며 늘 은비녀를 자랑했었다.

최 부자 댁 대문 안으로 들어서자 기다렸다는 듯 행랑어멈이 손짓하며 주룡을 불렀다.

"심부름 좀 다녀와야겠다. 이것 좀 전해 주고 와."

행랑어멈이 보따리 하나를 내밀며 갈 곳을 일러 주었다. 보따리에서 생선 비린내와 약초 냄새가 났다.

주룡은 행랑어멈이 알려 준 대로 뒷골 맨 끝 집을 찾아 길을 더듬어 갔다. 동네를 벗어나고 빨래터도 지나 있는 곳이었다. 주룡은 빨래터를 지나면서 덕이가 있는지 유심히 살폈지만 덕이는 보이지 않았다.

'그러고 보니 어디 사는지도 안 물어봤네.'

그제야 주룡은 덕이가 사는 곳을 묻지 않았다는 것을 깨달았다. 하긴 집을 안다고 해도 찾아갈 짬도 없었다.

'빨래터에 가면 또 만나겠지.'

주룡은 부지런히 뒷골을 향해 걸었다. 띄엄띄엄 집들이 보이기 시작했다. 맨 끝 집은 오르막길이라 낑낑대며 걷는데 뒤에서 누가 부르는 소리가 들렸다.

"주룡아, 강주룡 맞지?"

깜짝 놀라 돌아보니 덕이였다.

"덕이?"

주룡은 생각지도 못한 곳에서 덕이를 만나 반가웠다.

"우리 동네엔 웬일이야? 나를 찾아온 건 아닐 테고."

"응, 심부름 왔어. 근데 너 여기 살아?"

"응, 저기가 우리 집이야."

덕이가 작고 허름한 판잣집을 가리켰다. 주룡의 집과 별반 다를 게 없어 보였다.

심부름을 마친 주룡은 덕이와 함께 밭둑에 앉아 이야기를 나누었다. 덕이 어머니는 육 년 전 동생을 낳다 세상을 떠났고, 덕이는 네 명의 동생들과 홀로 된 아버지를 챙기며 살고 있었다. 주룡도 덕이에게 자신의 이야기를 들려주었다. 고향에 있는 친구들과 마을길, 뒷산과 해 질 녘 풍경에 대한 것들이었다.

"네 고향은 참 아름다운 곳이구나. 네 말을 듣고 있으니까 꼭 가 본 것처럼 느껴져. 넌 어쩜 그렇게 말을 잘하니?"

덕이가 부러운 듯 주룡을 바라보았다.

"아마도 그림을 그리듯 말해서 그럴 거야. 나는 그림 그리는 것을 좋아해. 고향에선 친구들 수틀에 밑그림도 그려 주곤 했어."

"그래? 나도 하나 그려 주라."

"좋아. 뭐 그려 줄까? 우리 고향 집? 아니면 마을 골목길?"

주룡은 신나서 얼굴이 발그레해졌다. 친구에게 그리운 고향에 대해 알려 줄 수 있는 게 참 즐거웠다.

"사람도 그릴 수 있어?"

"사람? 그야 뭐, 똑같이 그릴 자신은 없지만……."

"우리 어머니 그려 줘. 내가 다 말해 줄게. 얼굴에 점 하나까지, 아니 왼쪽 뺨에 있던 흉터 자국도."

생각지도 못했던 말이었다. 그러나 어린 동생들을 돌보면서 덕이가 얼마나 어머니가 그리웠을지 주룡은 알 것 같았다.

"그래. 근데 너무 기대는 하지 마. 사람을 그려 본 적은 없거든. 그래도 네 부탁이니까 그려 볼게."

"고마워, 주룡아."

덕이가 와락 주룡을 껴안았다. 주룡은 깜짝 놀랐지만 덕이의 품이 참 따뜻하게 느껴졌다. 이렇게 좋은 친구와 오래오래 함께 있으면 좋겠다고 생각했다.

"참 덕이야, 넌 꿈이 뭐야?"

덕이는 한참 생각하더니 말했다.

"음 난… 모던 걸이 될 거야. 언젠가는."

"모던 걸?"

주룡은 덕이의 말에 깜짝 놀랐다.

- **모던 걸** : 1900년대 초반에 들어온 외국 문화를 적극적으로 받아들여 서양 의복을 입고 서구적인 사고와 가치관을 가진 여사

"전에 도시에서 학교 다니던 최 부자 댁 막내딸이 왔었는데 단발머리를 했더라. 갈 땐 댕기 머리였는데. 그 모습을 보고 최 부자 어른은 물론 동네 사람들이 망측스럽다고 난리였어. 난 예쁘기만 하던데. 나도 언젠가는 이 깡촌을 벗어나서 댕기 머리 잘라 버리고 산뜻한 모던 걸이 될 거야."

"단발머리야 여기서도 하고 싶으면 하면 되잖아."

"호호호. 그랬다간 우리 아버지한테 맞아 죽어."

덕이가 익살스럽게 웃었다.

"네가 모던 걸이 되려고 도시로 가면, 난 뭐 하지. 나도 도시에 가서 그림 그리는 화가가 될까?"

"그래, 그러자."

주룡과 덕이의 웃음소리가 바람을 타고 멀리멀리 날아갔다.

어린 신랑

　몇 번의 겨울이 가고 봄이 왔다. 서간도의 바람은 여전히 드세고 시렸으나 봄은 주룡의 가슴을 설레게 했다. 눈길이 닿는 곳마다 꽃들이 펑펑 터졌다.
　'어쩜 이리도 고울까?'
　주룡은 연분홍색 진달래꽃 앞에서 한참을 서성거렸다. 문득 덕이 생각이 났다.
　'덕이랑 꽃구경하면 재미있을 텐데. 덕이는 지금 무얼 하고 있을까?'
　주룡은 봄 들어 덕이와 수다를 떨지 못했다. 겨우내 묵은 최 부자 댁 살림을 정리하느라 한동안 무척 바빴기 때문이었다. 그런데 엊그제 빨래터에서 잠깐 마주친 덕이는 표정이 어두웠다.

'무슨 걱정거리라도 생긴 것일까? 마주치면 항상 미소부터 짓는 아이인데. 오늘은 꼭 덕이한테 가 봐야겠어.'

주룡은 일을 마치고 덕이네 집으로 향했다. 부모님이 오시기 전에 저녁밥을 지어 놓아야 했지만 덕이가 마음에 걸렸다.

갑자기 찾아온 주룡을 보고 덕이는 눈이 휘둥그레졌다.

"저번에 보니까 왠지 네 얼굴이 안 좋아 보여서. 무슨 일 있는 거 아니지?"

덕이는 한숨을 내쉬더니 힘겹게 입을 열었다.

"주룡아, 나 시집갈 것 같아."

안 좋은 일이라도 있을까 봐 잔뜩 긴장했던 주룡은 시집이라는 말에 안도의 한숨을 내쉬었다.

"휴, 난 또 뭐라고. 좋은 일이네."

혼기가 찬 주룡과 덕이 또래들에게 혼인은 자연스러운 일이었다. 하지만 덕이 얼굴에는 즐거운 표정이 전혀 없었다. 아니 오히려 슬퍼 보였다.

"근데 표정이 왜 그래? 네가 먼저 시집가니까 나한테 미안해서 그래? 괜찮아, 이 언니가 다 용서해 줄게.”

주룡은 웃으며 덕이의 등짝을 쳤다. 그래도 덕이는 반응이 없었다. 덕이의 두 눈에 눈물이 가득 고였다. 주룡은 가슴이 철렁했다.

“덕이야 왜 그래?”

“주룡아, 나 어떡해? 입 하나 덜려고 아버지가 나를 늙은이한테 시집보낸대.”

“뭐? 그게 참말이야?”

주룡은 기가 막혔다.

‘아무리 먹고살기 힘들다고 해도 열일곱 꽃 같은 딸을 아비보다 더 나이 많은 늙은이한테 시집보내다니.’

주룡은 덕이 아버지가 원망스러웠다.

“어떡하냐, 우리 덕이.”

주룡은 덕이를 꼭 끌어안았다. 덕이의 몸이 떨리고 있었다.

“주룡아, 나 도망가 버릴까?”

‘그래, 도망가. 너 모던 걸이 되고 싶다고 했잖아. 그런 네가 어떻게 늙은이에게 시집가서 살아? 도망가, 제발.’

그러나 주룡은 아무 말도 할 수 없었다. 마음이 여리고 착한 덕이가 가족을 두고 도망갈 리 없었다.

"내가 도망가면 우리 가족은 더 힘들어지겠지? 어머니도 없는데 동생들이 불쌍해. 흑흑."

주룡은 화가 났다. 그러나 덕이를 위해 할 수 있는 게 아무것도 없었다. 이미 혼인날은 정해졌고, 덕이 아버지는 늙은 신랑에게 곡식과 밭뙈기를 받은 모양이었다. 우는 덕이에게 덕이 아버지가 큰 소리쳤다.

"그래도 거긴 끼니 거를 일은 없을 테니 다행으로 알아!"

보름 후, 덕이는 혼례식도 없이 늙은 신랑에게 끌려가다시피 시집을 갔다. 보따리 하나 달랑 들고 울며 뒤돌아보는 덕이에게 주룡은 손을 흔들며 애써 눈물을 감췄다.

덕이가 떠난 후, 주룡은 도통 기운이 없고 재미가 없었다. 넋을 놓고 있다가 행랑어멈에게 야단맞기 일쑤였다.

덕이가 떠나고 두 번째 봄이 왔다. 주룡은 최 부자 댁 일을 그만두었다. 그리고 집안일을 하면서 부모님의 농사일을 도왔다. 그즈음 주룡네는 가족이 굶지 않을 만큼 농사지을 땅을 마련했다.

"주룡이도 이제 스무 살이 되었으니 시집가야지."

어느 날, 아침밥을 먹다가 주룡의 어머니가 말했다.

"시집은 무슨. 난 시집 안 가. 그냥 우리 집에서 이렇게 살 거야."

정말이지 주룡은 시집가고 싶은 생각이 전혀 없었다.

"그럼 처녀 귀신 될 거야? 지금도 적은 나이가 아니야. 혼담 들어오면 이것저것 따질 것 없이 그냥 가!"

주룡의 아버지가 퉁명스럽게 쏘아붙이고는 밖으로 나갔다.

"때가 되면 가야지. 남들도 다 그렇게 살아."

어머니도 거들었다. 주룡은 이상한 생각이 들었다. 뭔가 강제로 못을 박는 듯한 느낌이었다.

'벌써 혼담이 들어온 건가?'

그러지 않고서야 아버지가 저렇게 나오는 게 이상했다. 괜히 해 보는 소리가 아닌 것 같았다.

"어머니, 혹시 혼담 들어왔어?"

주룡의 어머니는 못 들은 척 일 나갈 채비만 서둘렀다. 주룡은 문 득 덕이 생각이 났다. 덕이는 잘 지내고 있을지 궁금했다. 시집간 후로는 한 번도 만나지 못했다. 가끔 덕이네 집에 가 봤지만 연락이 없다는 말만 들었다.

주룡은 자신의 신랑감에 대해 생각해 본 적이 없었다. 그런데 막상 혼인 이야기가 나오니까 생각이 많아졌.

주룡은 심란한 마음으로 산에 나무를 하러 갔다. 봄이라지만 저녁에는 쌀쌀해서 아직 불을 지필 땔감이 필요했다. 주룡은 나무를 하는 내내 아침에 있었던 일 때문에 머릿속이 복잡했다.

아직 지게를 절반도 못 채웠는데 벌써 커다란 나뭇짐을 이고 지고 내려가는 사람들이 보였다. 주룡은 서둘러 나뭇짐을 만들어 이고 산을 내려가기 시작했다. 쉼터에 도착한 주룡은 잠시 쉬어 가기로 했다. 그런데 나뭇짐을 내려놓다 그만 매듭이 헐거웠는지 풀려

버렸다.

"앗, 내 나무!"

주룡은 나뭇짐을 붙들려다 발목을 접질렸는지 일어설 수가 없었다. 주변을 둘러봐도 사람은 보이지 않았다. 하는 수 없이 누군가 지나가기를 기다리는 수밖에 없었다. 얼마 후, 인기척이 들려 주룡이 소리쳤다.

"도와주세요!"

반가운 마음에 소리치고 보니 젊은 남자였다.

"다쳤어요?"

"예, 넘어졌는데 발목이…….."

남자는 짐을 한쪽에 내려놓고 다가왔다. 주룡은 반가우면서도 약간 경계심이 생겼다. 아무도 없는 산 중턱에서 무턱대고 모르는 남자의 도움을 받기가 조심스러웠다.

"자, 일어나 보세요."

남자가 손을 내밀었다. 주룡은 남자의 손을 얼른 잡지 못하고 망설였다. 그런데 가까이서 보니 키만 컸지 얼굴이 소년티가 났다. 주룡보다 한참 어려 보였다. 그제야 주룡은 경계심이 풀려 소년의 손을 잡고 일어섰다.

"다행히 발목을 많이 다친 것 같진 않네요. 그래도 나뭇짐은 여기 두고 갔다가 다음에 가지고 가는 게 좋겠어요."

소년의 말투는 참 다정했다. 맑고 서글서글한 눈빛도 좋았다. 주룡은 괜히 얼굴이 붉어졌다. 아무리 자기보다 어린 소년이라지만 남녀가 유별한데 마주 보고 있는 게 쑥스러웠다. 소년은 흐트러진 나뭇짐을 단단히 묶어 준 다음 눈인사를 하고 떠났다.

'고맙다는 말도 못 했네.'

소년이 사라진 길 위에 분홍색 진달래만 가득 피어 있었다.

온 세상이 초록빛으로 물들 즈음 주룡의 집 마당이 부산스러웠다. 마당에 조촐한 초례청●이 차려졌다.

"어머나, 곱다 고와."

"주룡이도 연지 곤지 찍어 놓으니 한 인물 하는구먼."

혼례 잔치를 도와주러 온 동네 아주머니들이 단장한 주룡을 보고 한마디씩 했다.

"그럼요. 꾸미지 않아서 그렇지, 우리 딸 어디다 내놔도 빠지지 않지요. 둥그런 얼굴이며, 야무진 입매며, 갸름한 목이며… 어디 하

● 초례청(醮禮廳) : 전통 혼례식인 초례를 치르는 장소

나 빠진 데가 있나요? 호호호."

"아이참, 어머니도."

아침부터 주룡을 단장해 준 주룡의 어머니가 민망스럽게 자랑을 했다. 한 번도 그런 적이 없는 어머니였다. 주룡은 어머니의 낯뜨거운 자랑질에 갑자기 콧날이 시큰해졌다.

"가서 아들딸 쑥쑥 낳고 잘 살아야 한다."

주룡의 어머니는 비녀에 댕기를 감아 주며 주룡에게 속삭였다.

"네, 어머니. 나 잘 살게요."

곧 신랑이 도착했다는 말이 들려왔다.

'어떻게 생겼을까.'

주룡은 아직 한 번도 본 적 없는 신랑이 몹시 궁금했다. 아는 것이라고는 통화현에 산다는 것 그리고 자신보다 나이가 어리다는 것이 전부였다.

족두리에 넓은 원삼• 소맷자락으로 얼굴을 가린 신부 주룡은 수모•의 부축을 받으며 초례청에 섰다. 맞은편에 신랑이 서 있을 테지만 주룡에게는 잘 보이지 않았다.

• 원삼(圓衫) : 여자 예복의 하나로, 주로 결혼하는 신부나 궁중 여인들이 입음.
• 수모(手母) : 전통 혼례에서 신부의 단장 및 그 밖의 일을 곁에서 도와주는 여자

"합환주!"

신랑 신부가 서로 잔을 바꾸어 술을 마시는 순서였다. 주룡은 신랑에게 술을 따라 건넨 후, 신랑이 너무 궁금하여 옷소매 너머로 살짝 훔쳐봤다.

'어? 저 사람은?'

주룡의 눈이 휘둥그레졌다. 큰 키에 곱상한 얼굴이 눈에 익었다. 순간 주룡은 두 달 전 나무하러 갔다가 넘어졌던 날이 떠올랐다. 틀림없었다. 바로 그 소년이었다. 주룡이 넋을 잃고 신랑을 훔쳐보고 있는데 옆에서 수모가 옆구리를 쿡 찔렀다.

"호호호. 신부가 신랑을 훔쳐보면 딸을 낳는대."

그제야 주룡은 후다닥 얼굴을 가렸다. 연지 곤지를 찍은 볼이 화끈거렸다.

어린 신랑의 이름은 최전빈이었고 나이는 주룡보다 다섯 살이나 아래였다. 주룡은 아는 것도 많고 곱상한 전빈이 무척 마음에 들었다. 전빈도 주룡에게 다정하고 따뜻하게 대했다.

"부인, 학당에서 공부하고 올 테니 부모님을 잘 부탁하오."

외아들인 선빈은 부모님과 누나들의 감시에서 벗어나지 못하고 있었다. 혼인했어도 부모에게는 어린 아들에 불과했다. 아들에 대한 염려가 며느리인 주룡에게는 시집살이가 되었다. 주룡의 시어머니는 사사건건 아들의 생활을 궁금해했다.

"요즘 전빈이는 누굴 만나고 다닌다더냐?"

전빈이 학당에 간 뒤 시어머니가 주룡에게 물었다.

"글쎄요. 그것까진 묻지 않아서……."

"그게 무슨 소리야. 내가 나이 많은 너를 배필로 묶어 준 것은 그런 걸 잘 살피고 챙기라는 건데. 지아비의 팔자는 다 지어미 하기에 달려 있어. 명심해라."

주룡은 시어머니의 간섭이 심하다 싶었지만 부모의 사랑이려니 생각하고 받아들였다. 그러나 시어머니와 시누이들의 간섭은 날이 갈수록 심해졌다. 주룡은 그런 가족들 속에서 전빈이 참 힘들었겠다는 생각이 들었다.

"내가 장가를 참 잘 들었소."

전빈은 주룡을 사랑스러운 눈으로 바라보았다.

"우리 서방님은 아는 것도 많고 예의 바르기도 하시지. 내가 시집을 참 잘 왔어요."

부부는 서로를 사랑스럽게 바라보았다.

전빈은 주룡에게 많은 것을 가르쳐 주었다. 조선이 처한 상황, 나라를 잃은 백성으로 사는 아픔, 빼앗긴 나라를 다시 찾아야만 하는 이유를 말할 때는 눈빛이 빛났다.

"나라님과 높은 사람들은 뭐 했길래 나라를 빼앗겼대요?"

주룡의 질문에 전빈은 또 이런저런 사정을 자세히 이야기해 주었다. 사실 주룡은 전빈을 만나기 전에는 나라에 대한 생각은 거의 해 본 적이 없었다. 그저 배만 고프지 않으면 된다고 생각했다. 언제부터인가 일본인들이 총칼을 차고 조선인들을 윽박질렀지만 되도록 피하면 된다고 생각했다.

주룡은 전빈을 보고 있으면 든든하고 자랑스러우면서도 가슴 한쪽에서는 왠지 모를 불안감이 꿈틀거렸다.

"서방님은 학당에 가서 무슨 공부를 하나요?"

"어머니가 내가 뭐 하고 다니는지 알아보라고 하던가요?"

"꼭 그래서만은 아니에요. 그랬다면 내 진작 서방님께 물었겠지요. 사실 나도 궁금해서요."

전빈은 주룡의 말에 대답은 하지 않고 긴 한숨만 내쉬었다. 주룡은 더 캐묻지 않았다. 왠지 전빈의 입에서 예상치 못한 말이 튀어나올 것만 같았다.

전빈을 따라나서다

 어느 날, 주룡이 장독을 닦고 있는데 전빈이 장독대 근처를 기웃거렸다. 뭔가 주룡에게 할 말이 있는 것 같았다. 아까부터 느끼고 있던 터라 주룡은 왠지 불안했다. 요즘 들어 전빈은 학당 가는 일이 뜸해졌다. 왜 매일 가던 학당을 빠지냐고 묻기도 두려워 그냥 두고 보던 참이었다.
 "서방님, 나한테 뭐 할 말 있어요?"
 "아니 뭐 그냥……."
 전빈은 뒷머리를 긁적이더니 방으로 들어갔다.
 그날 밤, 전빈이 주룡에게 말했다.

"부인, 나 만주로 떠날까 하오. 날 보내 주시오."

"만주는 왜요?"

"독립운동하러."

"그게 무슨 말이에요?"

주룡은 자기 귀를 의심했다.

"미안하오. 학당 형님들은 진작 떠났는데, 난 당신을 두고 갈 수가 없어 망설였소. 이제 더 이상 지체할 수가 없소."

주룡은 가슴이 철렁했다. 시어머니가 왜 아들을 감시했는지 이제야 짐작이 갔다. 시어머니는 전빈을 잡아 두기 위해 어린 나이에 서둘러 혼인을 시킨 것이었다. 혼인해서 가장이 되면 생각을 바꿀 것이라 믿었기 때문에 신부 나이가 많아도 개의치 않았다.

주룡은 원망스러운 눈빛으로 전빈을 바라보았다.

"서방님은 나보다 독립운동이 더 중한가요."

"미안하오. 날 보내 주시오."

전빈은 애절한 눈빛으로 주룡을 바라보았다. 부탁하듯 말했지만 이미 마음을 굳힌 것 같았다. 주룡은 할 말을 잃었다. 나를 두고 떠날 거면 혼인은 왜 했느냐고 악다구니라도 쓰고 싶었지만 이미 붙잡을 수 없다는 것을 주룡은 알았다.

"보내 달라니요? 우리가 혼인한 지 얼마나 되었다고. 가려거든 나도 데려가요."

"거긴 험한 곳이오. 생사를 장담할 수 없는 곳이오."

전빈은 고개를 내저었다.

"그러니까요. 내 서방님이 그 험한 곳에 가겠다는데 어떻게 혼자 보냅니까? 부부는 일심동체라 했어요. 살아도 함께 살고 죽어도 함께 죽어야지요."

"고집부리지 마시오. 내 색시가 고생하는 걸 어찌 본단 말이오."

"서방님이야말로 고집부리지 마요. 나도 내 서방이 죽을지도 모르는 곳에 혼자 가게 할 순 없어요."

주룡도 물러서지 않았다. 전빈은 한숨을 내쉬며 주룡을 바라보았다. 주룡의 성격으로 보아 괜한 투정이 아닌 것 같았다.

"좋소. 그럼 함께 갑시다."

부부는 가족들이 깨기 전에 간단히 짐을 챙겨 몰래 집을 빠져나왔다. 주룡은 전빈의 옷깃을 여며 주며 함께 걸었다. 아직 어린 전빈이 나라를 위해 독립운동을 하겠다고 나선 것이 대견하고 자랑스러웠다. 그러나 한편으로는 함께 다시 집으로 돌아올 수 있을까 걱정도 되었다.

주룡과 전빈은 몇 날 며칠을 걸어 만주 험준한 산속에 있는 독립군 부대 대한통의부에 도착했다.

"전빈이 왔구나. 여기까지 오느라 고생했다."

"색시까지 함께 오다니, 전빈이는 각오가 단단히 섰구나."

먼저 합류한 고향 형님들이 나와 반겨 주었다. 그들은 주룡과 전빈을 대장에게 안내했다.

"어서 오시오, 최전빈 동지. 나 백광운 대장이오. 우리 대한통의부에 온 걸 뜨겁게 환영하오. 우리 함께 조선의 독립을 위해 싸웁시다. 함께해 주신 최 동지 부인께도 감사드립니다. 그렇잖아도 여성 동지의 손길이 절대적으로 필요했는데 고맙습니다."

여성 동지의 손길이 필요했다는 말에 주룡은 따라오길 잘했다고 생각했다. 전빈에게 짐이 될까 봐 걱정했는데 자신도 할 일이 있다니 참 다행스러웠다.

"제 서방님을 잘 부탁드립니다."

주룡은 백광운 대장이 믿음직해 보여 한시름 놓였다.

"부탁은 제가 해야지요. 하하하."

백광운 대장의 말에 곁에 있던 남자들이 따라 웃었다. 그러자 전빈이 주룡의 옷소매를 살짝 잡아당겼다. 주룡은 얼른 전빈의 뒤로 물러났다.

전빈은 만주 독립군 부대 대한통의부 의용군 1중대에 들어가게 되었다. 주룡은 전빈을 따라 배정받은 숙소에 짐을 풀었다.

다음 날 아침에 보니 부대에는 주룡 말고도 여자들이 여러 명 있었다. 주룡처럼 남편을 따라왔거나 조선의 독립을 위해 스스로 찾아온 여자들이었다. 남자들이 군사 훈련을 받는 동안 여자들은 밥 짓고, 빨래하고, 터진 옷을 깁는 등 허드렛일을 했다.

백광운 대장의 말에 의하면 여자의 일도 중요한 독립운동이라고 했다. 기본적인 생활을 도와주는 여자들이 없으면 남자들은 독립운동을 할 수가 없을 거라고 했다. 주룡은 여자들이 하는 일도 독립운동이라는 말에 스스로 자부심을 느꼈다. 전빈과 함께라면 손이 부르트고 다리가 욱신거려도 참을 수 있었다.

한동안 매일 같은 날이 반복되었다. 어느 날, 전빈이 푸념처럼 말했다.

"언제까지 훈련만 하려나. 우리 부대는 대체 언제 전투하러 가나."

"전투하러 가다니요?"

주룡이 놀라 물었다.

"우리가 뭐 하러 매일 군사 훈련을 받겠소. 일본 놈들과 싸우려고 받는 거 아니오."

맞는 말이지만 주룡은 전빈이 실제로 전투에 나가려고 하니 걱정이 되었다. 훈련을 받으면서 좀 사내다워지기는 했으나 여전히 주룡에게는 곱상하고 어린 서방님으로만 보였다. 전빈뿐만 아니라 남자들은 너나없이 같은 마음이었다.

"자네, 들었나? 며칠 전 만주 독립군이 일본 경찰서를 습격해서 대승을 거뒀대. 우린 언제나 싸우러 가려나."

그러던 어느 날 저녁, 백광운 대장의 막사에서 환호성이 들려왔다. 밥을 짓던 여자들이 허리를 펴고 그쪽을 바라보았다.

"우리 부대도 곧 출정하려나 보네. 우리 부대 남자들 그동안 열심히 훈련했으니 반드시 이기고 돌아올 거예요."

반찬을 담던 여자가 대장 막사 쪽을 바라보며 말했다.

"아까 들으니까, 곧 일본군들과 전투를 치른다고 하더라고요. 에구, 부상자가 없어야 할 텐데."

또 다른 여자가 걱정스러운 표정으로 말했다.

부대 여기저기서 남자들의 기운찬 함성이 울려 퍼졌다. 출정을 앞두고 사기가 용솟음치고 있었다.

"우리 여자들이 하는 일도 중요한 독립운동이라고 백 대장님이 말씀하셨지요. 자, 우리 남성 독립군들 배고플 테니 우리도 어서 서둘러 밥을 차립시다!"

주룡이 큰 소리로 외쳤다. 그러자 여자들이 꿈속에서 깨어난 듯 바쁘게 움직였다.

이틀 뒤, 대한통의부 독립군 부대 수백 명은 아침 일찍 기세 좋게 떠났다. 만주와 서간도 일대에서 독립군 소탕 작전을 펼치고 있는 일본군과 싸울 것이라고 했다.

주룡은 전빈이 떠나기 전 몸조심하기를 간곡히 당부했다.

"서방님, 부디 몸조심해요."

"걱정하지 마시오. 반드시 승리하고 오겠소."

전빈은 독립투사의 의지를 불태우며 떠났다.

여자들은 부대에서 남자들이 모두 무사히 귀환하기를 빌었다. 주룡은 전투에 나간 전빈을 기다리며 애간장이 다 녹는 것 같았다. 다행히 독립군 부대는 며칠 만에 승리하고 돌아왔다. 애석하게도 수십 명의 희생이 있었지만 일본군은 더 많은 희생을 치렀다고 했다. 주룡은 큰 부상 없이 돌아온 전빈에게 고마워 눈물이 났다.

1차 출정에서 승리하고 돌아온 뒤, 보름쯤 지났을 때였다.

"백 대장이 당신 좀 보자고 하네."

전빈이 훈련에서 돌아와 말했다.

"나를요? 왜요?"

전빈은 아무 말 없이 앞장서 걷기만 했다. 전빈의 표정이 썩 좋지 않아 보여서 주룡도 말없이 전빈을 따라 대장 막사로 갔다.

"어서 오시오, 강주룡 동지. 고생이 많지요. 여성 동지들이 도와주셔서 우리 대한통의부가 아주 튼실합니다. 하하하."

"무슨 일로 저를 찾으셨어요?"

주룡이 조금 겁먹은 표정으로 물었다.

"아, 강 동지의 도움을 받을 수 있을까 해서요. 먼저 남편인 최 동지의 허락을 받아야겠지만, 애국심 강한 우리 최 동지야 당연히 허락할 것이라 믿고요."

"제가 무엇을 도울까요?"

"이번 작전은 여성 동지의 도움이 필요합니다. 물론 위험이 따르

는 일입니다만 듣자 하니 부인께서는 평소에 여자도 용감히 독립운동을 할 수 있다고 말씀하셨다기에.”

그 순간 주룡은 전빈의 눈썹이 꿈틀거리는 것을 보았다. 전빈은 몇 번이나 주룡에게 제발 앞에 나서지 말라고 당부했었다. 그런데 주룡이 여자에게도 기회를 주면 남자들처럼 현장에 나가 독립운동을 할 수 있다고 했던 말이 누군가의 입을 통해 백광운 대장의 귀에 들어간 모양이었다.

“대장님, 제 안사람은 그냥 저를 따라왔을 뿐입니다. 독립운동을 하기엔…….”

“해 보겠습니다!”

갑자기 주룡이 당차게 말했다.

“아, 고맙습니다. 최 동지, 너무 걱정 마시오. 강 동지의 용기라면 충분히 해낼 수 있을 거요. 내가 함께할 테니까.”

전빈은 숙소로 돌아와 주룡을 나무랐다.

“부인, 어쩌자고 나서는 게요. 지금이라도 못 하겠다고 하면 내가 대장에게 가서 말씀드리겠소.”

“서방님, 걱정하지 말아요. 나 잘 해낼게요. 해 보고 싶어요. 서방님이 그랬잖아요. 빼앗긴 나라를 반드시 되찾아야 한다고.”

"그건 남자인 내가 하면 될 일이오. 당신은 그냥 가만히 있어요."

"독립운동에 남자 여자가 따로 있나요? 예전엔 몰랐지만 이젠 나도 하고 싶어요."

주룡은 겁은 났지만 여자도 남자들처럼 독립운동을 할 수 있다는 것을 보여 주고 싶었다.

여성 독립군이 되다

　주룡은 백광운 대장과 함께 임무를 수행했다. 조선으로 잠입하여 독립군 단체로부터 군자금을 받아 상하이 임시 정부로 보내는 어렵고 중요한 일이었다. 독립군을 잡으려고 눈에 불을 켠 일본군들은 수상하게 보이는 사람들을 무작위로 불러 세워 검사했다. 주룡은 만삭의 임산부로 변장하고 백광운 대장은 농사꾼으로 변장한 뒤 둘은 부부 행세를 했다. 임산부 아내를 부축하고 가는 남자를 아무도 독립군으로 보지 않았다. 다행히 두 사람은 안전하게 기차에 올랐다.

　"에고, 몸이 무거운데 어디까지 가우?"

앞자리에 앉은 할머니가 주룡의 배를 보며 물었다.

"예, 경상도에 있는 친정에 가는 길이에요."

"아기 낳으러 가는 길인가 보군."

"네."

갑자기 백광운 대장이 주룡의 옆구리를 살짝 쳤다. 순간 주룡은 가슴이 철렁했다. 혹시 무슨 실수를 했나 싶었다. 백광운 대장이 목도리를 고쳐 매 주는 척하면서 주룡에게 속삭였다.

"되도록 말을 하지 마시오. 임자의 말투가……."

그러고 보니 친정이 경상도라고 했지만 주룡은 전혀 경상도 말을 쓰고 있지 않았다.

기차는 온종일 달렸다. 주룡은 앞자리에 앉은 할머니가 삶은 고구마를 주어도 속이 불편하다며 사양했다. 화장실에 가고 싶어도 참았다. 배에 바가지를 넣고 천으로 둘둘 말아 놓아서 화장실 가는 것도 불편했다. 그래서 물도 마시지 않았다.

드디어 기차가 독립군 단체와 만날 역에 멈췄다. 역 어딘가에 군자금을 가져온 동지가 기다리고 있을 터였다. 주룡이 군자금을 받아 오기로 했다. 백광운 대장은 접선이 성공할 때까지 화장실에 숨어 있다가 합류하기로 했다. 주룡은 마치 마중 나온 사람을 찾기라도 하듯이 역사를 두리번거렸다. 그러고는 의자에 앉아 연기를 시작했다.

"아이고, 배야. 애가 나오려나."

주룡은 산통이 온 것처럼 배를 움켜쥐고 신음을 했다. 그때 누군가 다가왔다.

"도와드릴까요? 집이 어디예요?"

단발머리를 한 모던 걸이었다. 주룽은 잠깐 당황했다.

'이 모던 걸이 독립군 단체 사람인가?'

그냥 호의를 베푸는 사람일 수도 있었다. 주룽은 신음을 하면서 주변을 재빨리 훑어보았다. 몇몇 사람이 이쪽을 보고 있기는 했지만 특별히 다가오는 사람은 없었다.

"만주에서 백 씨와 함께 오셨지요?"

모던 걸이 낮게 속삭였다. 그제야 주룽은 이 여자가 독립군 단체에서 온 것이 맞다는 확신이 들었다. 주룽은 고개를 끄덕였다. 모던 걸은 주룽을 부축하고 화장실로 향했다. 모던 걸이 재빨리 뭔가를 주룽의 윗옷 속으로 쑤셔 넣었다. 펑퍼짐한 마고자●를 입은 탓에 티가 나지 않았다. 주룽은 얼른 화장실로 들어가 모던 걸이 준 뭉치를 꺼내 바가지 속에 넣고 다시 묶었다. 밖으로 나오니 모던 걸은 어느새 자취를 감추고 없었다. 그때 백광운 대장도 화장실에서 나왔다. 둘은 다시 자연스럽게 부부로 돌아갔다. 주룽의 배는 진짜 무거워졌다. 주룽은 백광운 대장을 따라 다시 기차에 올랐다. 이제 군자금을 상하이로 가져갈 접선자를 만나 건네면 임무는 끝이었다.

만주에 도착해서도 똑같은 일이 반복되었다. 주룽이 산통을 느

● 마고자 : 저고리 위에 덧입는 웃옷

끼는 사이 여자가 다가오고, 도움을 받는 척 화장실에 들어가 군자금을 넘겼다.

부대로 돌아오자 전빈이 주룡을 기다리고 있었다.

"이번 일은 강 동지의 공이 아주 컸소. 이런 동지가 우리 부대에 있다는 게 아주 자랑스럽소. 하하하."

백광운 대장은 많은 동지들 앞에서 주룡의 활약상을 칭찬했다. 주룡은 여자로서 중요한 일을 해냈다는 자부심에 가슴이 벅차올랐다. 여자들은 놀란 눈으로 주룡을 바라보았다. 반면 남자들은 전빈에게 박수를 보냈다.

"와! 최 동지, 부인이 참 대단하오."

숙소로 돌아온 주룡은 반갑게 전빈의 손을 잡았다.

"우리 서방님, 그동안 잘 지냈지요?"

그러나 전빈은 뭔가 골이 잔뜩 난 얼굴로 주룡의 손을 뿌리쳤다. 주룡은 전빈이 아내를 걱정하는 마음에 투정을 부리는 것으로 생각하고 웃어넘겼다.

그 뒤로도 주룡은 몇 번 더 활약했다. 그러다 작은 상처를 입기도 했다. 주룡에게는 영광스러운 상처였지만 전빈은 다친 주룡을 보며 힘들어했다. 주룡의 상처가 낫자 전빈이 말했다.

"집으로 돌아가시오."

"싫어요. 난 서방님과 함께 있을 거예요."

"거치적거리니 돌아가란 말이오!"

전빈이 단호한 표정으로 목소리를 높였다. 주룡은 전빈이 말은 차갑게 해도 속마음은 그렇지 않다는 것을 알고 있었다. 그래서 집으로 돌아가 전빈을 기다리기로 했다.

"왜 혼자 온 게야? 우리 전빈이는 어떡하고 너 혼자 왔어?"

시어머니는 다짜고짜 주룡에게 화를 냈다. 마치 주룡이 부추겨 전빈이 떠난 것처럼 억지를 부렸다.

"당장 가서 내 아들 데려와! 거기가 어디야. 내가 가서 데려올 테니까!"

시어머니는 날마다 주룡을 들들 볶았다. 그러나 주룡은 어떤 대답도 할 수 없었다. 그곳을 떠나올 때 독립군 부대의 위치와 그곳에서 있었던 일은 일절 말하지 않겠다고 맹세했기 때문이었다. 설사 그런 당부와 맹세가 없었더라도 주룡은 이제 알게 되었다. 그곳은 철저히 보호되어야 하고, 더 많은 사람이 그곳을 찾아가야 한다는 것을.

"서방님이 집에 가서 기다리라고 했어요. 곧 돌아오겠다고."

전빈이 없는 집은 남의 집 같았다. 최 부자 댁에서 남의집살이하던 어렸을 때와 별반 다를 게 없었다. 주룡은 아침부터 저녁까지 쉴 새 없이 일했다. 차라리 주룡에게는 몸이 고달픈 게 약이었다. 틈만 나면 전빈이 그립고, 제대로 먹는지, 다치지는 않았는지 걱정이 되었다.

그렇게 육 개월이 지난 어느 날, 주룡은 아주 불길한 꿈을 꾸었다. 꿈속에서 전빈을 만난 주룡은 반가운 마음에 달려가 전빈을 안았다. 그런데 전빈의 몸이 얼음장처럼 차가웠다. 어찌나 차가운지 섬뜩해서 놀라 깨었다.

'불길한 꿈이야. 서방님한테 무슨 일이 생긴 걸까?'

주룡은 안절부절못했다. 온종일 일도 손에 잡히지 않았다. 동네 개 짖는 소리에도 가슴이 철렁 내려앉았다. 누군가 불길한 소식을 가지고 찾아오는 것은 아닌지 걱정이 되었다.

결국 뜬눈으로 밤을 새우고 아침이 되었다. 그때 무언가 방문을 탁 치는 소리가 들려 주룡은 문을 벌컥 열고 나갔다. 마루에 작은 돌멩이가 떨어져 있었다. 사립문 쪽을 보니 담 아래서 누가 손을 흔들었다. 주룡은 전빈이 왔나 싶어 버선발로 뛰어나갔다. 그러나 전빈이 아니었다. 함께 부대에 있던 옆 마을 형님이었다.

"전빈이가 몹시 위독해요. 애타게 제수씨를 찾고 있어요. 마지막으로……."

주룡은 다리에 힘이 풀려 주저앉았다가 벌떡 일어섰다.

"어디가 얼마나 아픈가요. 어서 갑시다."

주룡은 겉옷도 제대로 입지 못한 채 서둘러 나섰다. 얼마나 아팠으면 전빈이 꿈속까지 찾아왔을까 생각하니 눈물이 앞을 가렸다.

'서방님, 절대 죽어선 안 돼요. 기다려요. 내가 가서 살려 줄 테니까.'

주룡이 도착했을 때, 전빈은 자리에 누워 겨우 숨만 쉬고 있었다. 한동안 먹지를 못했다더니 뼈만 앙상했다.

"서방님, 내가 왔어요. 주룡이에요. 눈을 떠 봐요!"

전빈은 힘들게 눈꺼풀을 밀어 올리더니 주룡을 바라보았다. 그 눈빛이 어찌나 공허한지 주룡은 가슴이 미어지는 것 같았다.

"그러게 왜 나한테 가라고 했어요? 내가 없어 우리 서방님 병이 난 것 같아요. 으흑!"

주룡은 애가 탔다. 전빈만 살릴 수 있다면 무슨 일이든 할 수 있을 것 같았다. 그때 번쩍 머리를 스쳐 가는 게 있었다.

'죽어 가는 사람에게 더운 피를 먹이면 살 수도 있댔어.'

 사실인지 아닌지는 알 수 없지만, 효심 지극한 자식이 죽어 가는 부모에게 그렇게 했다는 이야기를 들었던 기억이 났다. 주룡은 망설임 없이 검지를 깨물어 전빈의 입에 피를 흘려 넣었다. 그러나 전빈은 피를 삼킬 힘도 없는지 힘겹게 고개를 젓다 무슨 말을 하려는지 입을 달싹거렸다. 주룡은 얼른 전빈의 입에 귀를 가져다 댔다.

 "미, 안, 해."

그러고는 전빈의 고개가 옆으로 툭 떨어졌다.

"안 돼. 죽으면 안 돼. 날 두고 혼자 가지 마요!"

주룽의 통곡에 주위 사람들도 모두 눈물바다가 되었다.

주룽은 전빈의 장례를 치르고 시댁으로 돌아갔다.

"남편 잡아먹은 년이 무슨 염치로 돌아와? 아무리 가라고 했어도 지아비 곁에 있어야지. 떨어져 있어서 내 아들이 죽은 거야. 너 때문에 죽은 거야!"

시어머니는 악다구니를 쓰며 모질고 독한 말로 주룽의 마음을 헤집었다. 주룽은 내버려 두었다. 남편을 잃은 자신도 슬프고 힘들었지만, 시어머니도 자식 잃은 큰 슬픔을 견디기 힘들 거라는 생각이 들었다.

그런데 다음 날, 느닷없이 중국 경찰이 집에 들이닥쳐 주룽을 끌고 갔다. 시어머니가 주룽을 고발한 것이었다. 주룽은 남편을 죽였다는 살인 누명을 쓰고 감옥에 갇혔다. 주룽은 억울했다. 그래서 자신은 아무 죄가 없다는 것을 주장하기 위해 먹지도 마시지도 않고 버텼다. 단식으로 자신의 결백을 증명해 보이고 싶었다.

일주일 후, 결국 주룽은 무혐의로 풀려났으나 시댁 식구들은 주룡을 거들떠보지도 않았다. 갈 곳이 없던 주룡은 하는 수 없이 친정으로 갔다.

"이게 무슨 꼴이냐. 연지 곤지 찍고 혼례를 치를 때 이런 모습을 상상이나 했을까. 어린 서방 만나 맘고생 할까 걱정은 했다만, 멀쩡한 내 딸 청상과부● 될 줄 어찌 알았겠나? 으흐흑."

주룡의 어머니는 주룡을 부둥켜안고 한참을 울었다. 주룡의 아버지는 툇마루에 앉아 담뱃대만 뻑뻑 빨아 댔다.

주룡의 친정은 작년 가뭄에 농사를 다 망쳐 형편이 어려웠다. 겨우 굶어 죽지 않을 정도로만 수확이 있을 뿐이었다. 주룡은 친정 식구들을 위해 열심히 일했다. 그러나 서간도의 거친 바람에 말라 버린 농토는 다시 살아날 희망이 보이지 않았다. 게다가 동네 사람들은 주룡을 보면 혀를 끌끌 찼다. 그런 소리도 듣기 싫었다. 이제 서간도는 주룡에게 황무지와 같았다. 주룡은 떠나고 싶었다.

"아버지 어머니, 우리 조선으로 가요. 고향에 가서 다시 시작해요."

● 청상과부(靑孀寡婦) : 젊어서 남편을 잃고 홀로된 여자

평원고무공장 여공

조선으로 돌아온 주룡의 가족은 황해도 사리원에 집을 얻었다. 처음에는 고향 강계로 가려고 했으나 아버지가 싫다고 했다. 주룡은 아버지가 고향을 떠날 때 했던 다짐도 물거품이 되었고, 혼인 생활을 잘하지 못한 자신이 창피했으리라 생각했다.

그런데 얼마 후, 삯일을 나갔던 아버지가 허리를 다쳐 자리에 눕고 말았다. 가족들의 생활비는 금방 바닥났다. 가족의 생계는 온전히 주룡의 책임이 되었다. 주룡은 닥치는 대로 일했다. 어느 날, 주룡은 병원에서 빨래 일을 하다 귀가 번쩍 뜨이는 말을 들었다.

• 여공(女工) : 공장에서 일하는 여자

"요즘 젊은 사람들은 죄다 평양 고무공장에 가던데, 젊은 처자가 왜 이런 막일을 하누? 고무공장에 가면 돈 많이 번다는데."

주룡과 함께 일하던 아주머니가 혼잣말처럼 말했다. 젊은 주룡이 양잿물•에 손을 담그고 험한 일을 하는 것이 안타까웠던 모양이었다.

"고무공장에 가면 돈 많이 번대요?"

"그런가 봐. 우리 옆집 딸이 평양에서 고무공장에 다니는데, 매월 꼬박꼬박 돈을 부쳐 준다고 어미가 자랑하더구먼. 저 쓰고 남으니까 보내 주는 거 아니겠어? 이런 데서 손 부르트게 일해 봐야 하루 끼니나 때우는 정도지."

그날 밤, 주룡은 잠을 이루지 못했다. 아주머니의 말이 귓가에 쟁쟁했다.

'정말 고무공장에 취직하면 돈을 많이 벌 수 있을까? 아무 기술도 없는 나 같은 사람도 받아 주나? 동생 학교도 보내야 하는데, 아버지는 허리를 다쳐서 일도 못 나가고…….'

주룡은 엎치락뒤치락 천 번 만 번 생각한 끝에 결론을 내렸다.

'그래, 평양에 가서 고무공장에 취직하자.'

• 양(洋)잿물 : 서양에서 들어온 잿물이라는 뜻으로, 빨래에 쓰는 수산화 나트륨을 이르는 말

며칠 후, 주룡은 가족들의 배웅을 받으며 길을 떠났다. 주룡은 사리원에서 소달구지*를 얻어 타고, 다시 기차를 타고 평양역에 내렸다. 평양 거리는 무척 낯설었다. 대동강 높다란 문에서부터 이어지는 큰 거리에는 상점들이 즐비했다. 일본어로 쓰인 상점 간판들이 많았다. 거리에도 조선인보다 기모노 차림의 일본인들이 대부분이었다.

'고무공장은 어디 있을까?'

주룡은 고무공장 간판을 찾아 두리번거렸다. 다행히 남편 전빈이 일본어를 가르쳐 주어 간판은 읽을 수 있었다. 그러나 아무리 둘러봐도 고무공장이라는 간판은 보이지 않았다. 큰길을 몇 번 왔다 갔다 했더니 다리가 아팠다. 주룡은 문 닫은 상점 앞에 쭈그리고 앉아 잠시 쉬었다.

'어두워지기 전에 빨리 일자리를 찾아야 할 텐데.'

주룡은 걱정이 태산이었다. 주변을 둘러보니 상점 옆 기둥에 여러 전단지가 붙어 있었다. 그때 주룡의 눈에 '평원고무공장 여공 구함'이라고 쓰인 전단지가 들어왔다. 주룡은 벌떡 일어나 전단을 읽어 내려갔다.

• 소달구지 : 소가 끄는 수레

〈평원고무공장 여공 구함〉

- 신체 건강한 여성이면 누구나 가능

- 임금은 1일 30전부터(수시 조절 가능)

- 주소 : 평양 선교리 …

별다른 조건이 있지는 않았다. 주룡은 가슴을 쓸어내렸다.

'이제 됐어. 어서 찾아가 보자. 근데 하루 임금이 삼십 전이면 병원에서 빨래하는 것보다 적네. 에이, 처음엔 그렇게 시작한다는 것이겠지. 수시로 조절 가능하다고 했으니 열심히 일하면 더 많이 줄 거야.'

주룡은 전단에 쓰인 주소를 외워 지나가는 사람에게 길을 물었다. 가르쳐 준 쪽으로 한참 걸어가니 멀리 굴뚝에서 시꺼먼 연기가 피어 오르고 있는 게 보였다.

"저기다!"

주룡은 반가움에 자기도 모르게 소리쳤다. 공장 가까이 갈수록 고무 냄새가 진동했다. 처음 맡아 보는 냄새라 주룡은 코를 감싸 쥐면서도 자신에게 다독이듯 말했다.

'괜찮아. 이까짓 냄새쯤이야. 돈만 많이 벌 수 있으면 참을 수 있어. 양잿물에 빨래를 삶을 때도 잠깐 숨을 멈추고 있으면 견딜 만했잖아. 근데 굴뚝이 여러 개인데, 어디가 평원고무공장일까?'

주룡은 평원고무공장 모집 공고를 보았으니 기왕이면 그곳으로 가고 싶었다. 어쩌면 인연일지도 모른다는 생각이 들었다. 돈을 벌 수 있을 거라는 기대감에 가족들이 떠올랐다. 주룡은 집을 떠나오면서 동생과 약속했다. 공장에 취직해서 돈 많이 벌어 학교에 꼭 보내 주겠다고.

"모집 공고를 보고 왔습니다."

평원고무공장에 도착한 주룡은 경비원이 심드렁하게 턱짓으로 가리킨 쪽으로 갔다. 면담실이라고 쓰인 방문을 노크하고 들어가니 작업복 차림의 남자가 자리에 앉아 있었다.

"여공 모집 공고를 보고 왔습니다."

"경험은 있나?"

남자는 주룡을 흘낏 한 번 쳐다보더니 물었다.

"경험은 없지만 신체는 건강합니다. 열심히 하겠습니다!"

주룡은 전단지에서 봤던 조건을 떠올리며 말했다. 그러자 남자가 흡족한 표정을 지었다.

"좋아. 내일부터 출근하시오."

"아, 네. 감사합니다!"

주룡은 허리가 반으로 접힐 정도로 절을 하고 나왔다. 주룡은 발걸음이 날아갈 것 같았다. 평원고무공장이라고 커다랗게 쓰인 글자 앞에 절이라도 하고 싶은 심정이었다.

이제 방만 얻으면 되었다. 공장 주변에 쪽방이 많다는 말을 들었다. 주룡은 공장 주변의 판잣집 골목을 돌아다녔다. '방 있음.'이라고 쓰인 곳에 들어가 흥정을 했다. 밥해 먹을 공간이라도 딸려 있으면 방세가 비쌌다. 가진 돈으로는 방 한 칸밖에 얻을 수 없었다. 그래도 혹시 더 싼 방이 있을까 싶어 주룡은 옆 골목으로 들어갔다. 그때였다.

"저기, 잠깐만요?"

누군가 뒤에서 부르는 소리에 주룡은 뒤를 돌아보았다.

"강주룡 맞구나. 나야!"

주룡은 말쑥하게 단발머리를 한 여자를 가만히 바라보았다. 환하게 웃고 있는 얼굴이 낯익었다. 주룡의 눈이 점점 커다래졌다. 덕이였다!

"덕이… 네가 어떻게?"

"주룡이 너야말로 어떻게 여기 있어?"

주룡과 덕이는 얼싸안고 방방 뛰었다. 서로를 만지면서도 믿어지지 않았다.

"덕이야, 나 좀 꼬집어 봐. 꿈인지 생시인지."

덕이는 주룡을 자기 집으로 데리고 갔다. 주룡이 서 있던 골목 끝 집이었다. 부엌이 딸린 괜찮은 방이었다. 주룡은 덕이가 남편과 함께 평양으로 이사 온 모양이라고 생각했다. 그런데 방에는 남자의 흔적이 전혀 보이지 않았다.

"주룡아, 우리 그날 이후로 십 년 만에 만나는 거지?"

"맞아, 그쯤 됐을 거야."

"너도 혼인했지? 남편이랑 같이 평양으로 이사 온 거야?"

덕이가 음료를 준비하며 물었다. 주룡은 대답하지 않았다. 덕이가 주룡을 쳐다보았다. 주룡은 어디서부터 말해야 할지 머릿속이 복잡했다.

"자, 따뜻하게 보리차 마시면서 차근차근 이야기하자."

덕이는 많이 변했다. 가난 때문에 늙은 남자에게 울며불며 시집갔던 서간도의 덕이가 아니었다. 말쑥한 단발머리를 하고 친구에게 차를 대접할 만큼 도시 여자가 되어 있었다. 절망적이고 불안에 휩싸였던 눈빛도 자신감 넘치는 눈빛으로 바뀌어 있었다.

"좋아 보인다."

주룡의 말에 덕이가 고개를 끄덕이며 미소를 지었다. 그러고는 그간의 이야기를 풀어놓았다.

덕이는 혼인 삼 년 만에 집에서 도망쳐 나왔다. 덕이의 늙은 남편은 어린 아내를 늘 의심했다. 그러더니 허구한 날 술만 퍼마시고 덕이를 때렸다. 다행인지 불행인지 아이는 생기지 않았다.

"언젠간 그 사람 손에 맞아 죽을 것 같았어. 도저히 그대로는 살 수가 없더라. 그래서 도망쳤어. 절대 찾을 수 없는 조선 땅으로 왔지. 지금은 고무공장에 다니면서 같은 공장 후배와 함께 살고 있어."

"그랬구나. 잘했어! 그 혼인은 처음부터 잘못된 거였잖아. 울며 떠나던 너의 마지막 모습이 계속 잊히지 않았어. 네 동생에게 몇 번 찾아가 소식을 물었는데 모른다고 하더라. 그래도 잘 살고 있으려니 했는데……."

주룡은 덕이를 꼭 안아 주었다. 많이 힘들었지만 용케 불행의 소굴에서 도망쳐 나온 덕이가 대단해 보였다.

"주룡이 넌 어떻게 살아왔어?"

주룡도 그간의 일을 덕이에게 말해 주었다. 전빈의 죽음을 말할 때는 덕이도 주룡과 함께 눈물을 흘렸다. 두 친구는 서로 살아온 이야기를 하느라 시간 가는 줄 몰랐다.

"참, 방 얻으러 다닌다고 했지? 바로 들어갈 수 있는 곳을 알아. 얼마 전에 우리 공장에 다니던 여공이 그만두고 고향으로 내려가서 비어 있어. 방세도 괜찮아. 이따 내가 데려다줄게. 참, 일자리도 알아봐 줄게."

덕이는 예전의 수줍고 조용한 소녀가 아니었다. 아주 강인한 전사 같았다.

"조금 전에 평원고무공장에 취직하고 왔어. 내일부터 출근하래."

"나랑 함께 다니면 좋았을 텐데. 그래도 같은 평양에 있으니 이제 자주 보자."

"그래. 사실 아까 평양 거리 보고 좀 두려웠는데, 너를 만나서 정말 다행이야."

주룡은 덕이가 알려 준 방을 싸게 얻어 평양살이를 시작했다.

첫 출근 날, 주룡은 설레는 마음을 안고 공장으로 향했다. 공장 앞에 도착하자 생각보다 사람이 많았다. 대부분 여공들이었다. 주룡은 그 무리에 속한 것이 자랑스러웠다.

작업반으로 들어가자 여공들이 작업대 앞에 열을 맞추어 앉아 있었다. 주룡은 엉거주춤 맨 끝자리에 앉았다. 잠시 후 한 남자가 들어오더니 출석 확인을 했다. 작업반장이었다.

"오늘 새로 온 강주룡이 누구야?"

"제가 강주룡입니다."

"여자였어?"

이름 때문에 남자인 줄 알았던 모양인지 작업반장이 주룡을 빤히 쳐다보았다. 그러더니 묘한 웃음을 지었다. 왠지 비웃는 것처럼 보였다. 작업 준비를 하고 있던 여공들이 주룡을 쳐다보았다. 주룡은 얼른 고개를 숙여 인사했다.

"잘 부탁드립니다."

그러나 여공들은 심드렁하게 고개만 까딱했다.

"강주룡은 아줌마야, 아가씨야?"

작업반장이 반말로 물었다. 주룡은 어떻게 답해야 할지 잠깐 머뭇거렸다. 혼인했었으니 아가씨는 아니고, 그렇다고 애 딸린 아줌마도 아니었다. 그때였다. 주룡은 한순간 작업반장의 입꼬리에 음흉한 웃음이 스치는 걸 보았다. 주룡은 당차게 말했다.

"강주룡입니다."

주룡의 말에 원하는 대답이 아니었다는 듯 작업반장이 눈살을 찌푸렸다. 그러자 여공들이 다시 고개를 돌려 주룡을 쳐다보았다. 아까와는 다르게 관심을 가지는 눈빛이었다.

"저쪽 작업대로 가서 일해!"

작업반장은 기분 나쁘다는 듯 턱짓으로 작업대를 가리켰다. 주룡은 어디에 앉아야 할지 잠시 망설였다.

"여기!"

"여기!"

빈자리를 끼고 있는 두 여공이 동시에 말했다. 한 명은 댕기 머리로 보아 아가씨 같았고, 다른 한 명은 제법 공장 일을 오래 한 것 같아 보이는 여자였다.

"고민할 거 없어. 이쪽에 와서 앉아. 내가 더 나이가 많은 것 같으니까 말 놓을게."

여자도 작업반장처럼 반말을 했지만 주룡은 왠지 기분 나쁘지 않았다. 오히려 언니처럼 친근감이 느껴졌다. 댕기 머리 아가씨가 웃음 띤 얼굴로 주룡을 바라보았다. 참 착해 보이는 얼굴이었다.

"잘 부탁해요."

주룡은 댕기 머리와 여자에게 다시 인사했다.

"옥희라고 해요. 우리 부서에선 제일 막내니까 말 편하게 해도 돼요."

"난 김명자. 삼 남매 엄마이고, 빈둥거리는 서방을 덤으로 데리고 살고 있지."

명자의 화통한 말에 주룡은 미소를 지었다.

"그런 서방이라도 있다고 유세를 떠는 건가?"

건너편 작업대에서 들려오는 목소리였다. 왠지 말에 가시가 돋쳐 있었다.

"분이 너… 뭘 잘했다고 쏘아붙이는 거야?"

"내가 뭐 죽을죄라도 지었수?"

갑자기 분위기가 험악스러워졌다. 주룡은 분이와 눈이 마주쳤다.

대추씨처럼 깡마른 여자였다. 그런데 그런 분이의 품에 아기가 안겨 있었다. 가슴에 맨 띠 속에서 갓난아기가 자고 있었다. 주룡은 깜짝 놀랐다.

'아기를 데리고 일을 해?'

무슨 사정인지는 모르지만 명자가 분이를 공격해서는 안 될 것 같았다. 주룡은 명자를 쳐다보았다.

"그래, 오늘 신입도 왔는데 흉한 꼴 보이기 싫으니 내가 참는다."

옥희의 귀띔에 의하면, 대추씨처럼 마른 분이는 아기를 낳은 지 한 달도 채 되지 않았다. 며칠 전, 여공들은 자신들에게 함부로 욕하고 폭행을 일삼는 감독을 사장에게 고발하자고 이야기했다. 그런데 분이는 빠지겠다고 했다. 아기를 데리고 공장에 다니려면 감독 눈 밖에 나면 안 되기 때문이었다.

평원고무공장 여공들은 대체로 두 부류로 나뉘었다. 첫 번째 부류는 옆에서 무슨 일이 벌어져도 아랑곳없이 자기 일만 하는 사람들이었다. 그들은 평온해 보였지만 동시에 외로워 보였다. 두 번째 부류는 남의 일에 시시콜콜 참견하는 사람들이었다. 그들은 늘 시끄러웠지만 대화에는 웃음이 섞여 있었다.

주룡은 고무공장 여공이 되면서 두 번째 부류인 옥희, 명자, 분이에게 마음이 갔다. 나이는 각각 달랐지만 다들 친구처럼 지냈고, 남의 일에 참견을 잘해서 자주 티격태격했다. 그러나 가끔은 없는 돈을 쪼개 함께 국수도 먹으러 갔다. 그러는 사이 미운 정 고운 정이 들었다.

어느덧 주룡이 평원고무공장에서 일한 지도 일 년이 되어 갔다. 주룡은 부엌 딸린 방으로 이사를 가고 싶었지만 그럴 형편이 못 되었다. 월급의 거의 대부분을 집으로 보내고 나면 얼마 안 되는 돈으로 한 달을 살아야 했다. 처음 주룡에게 고무공장을 알게 해 주었던

사리원 병원 아주머니의 말은 사실이 아니었다. 고무공장에 다니는 옆집 딸이 매월 꼬박꼬박 집에 돈을 보냈다면, 아마도 굶기를 밥 먹듯 하면서 보냈을 게 분명했다.

고무공장 여공 생활은 고되고 힘들었다. 사리원 병원 아주머니도 잘 몰랐던 것처럼 밖에서 보는 것과 너무 달랐다. 여공들은 환기 시설 하나 없는 공장 안에서 하루 열두 시간 이상, 열다섯 시간까지 쉴 틈 없이 일해도 고무신 한 켤레 값보다 못한 임금을 받았다. 같은 일을 하는 일본인 노동자가 버는 돈의 사분의 일 정도였고, 남자 직공•이 버는 돈의 절반 수준이었다.

여공들은 재단부, 롤러부, 성형부로 나뉘어 일했다. 재단부는 고무 원단을 신발 모양으로 자르고, 롤러부는 고무신 바닥을 롤러에 눌러 붙이고, 성형부는 신발 모양을 만들었다. 주룡은 롤러부에서 일했는데, 신발 바닥을 붙일 때는 얼굴이 벌게지고 팔에 힘줄이 불거질 정도로 힘을 써야 했다. 무더운 여름에는 삼십 도가 넘는 열기 속에서 일하며 고무 찌는 냄새 때문에 머리가 핑 돌았다. 여기저기서 여공들이 픽픽 쓰러지고는 했다.

그렇게 힘들게 일해도 나중에 감독에게 검사를 받을 때 불량을

• **직공(職工)**: 공장에서 일하는 사람

받으면 벌금을 내느라 월급이 깎였다. 불량품의 개수가 많아질수록 더 많은 벌금이 매겨져서 처음 켤레는 오 전, 두 번째 켤레는 십 전, 세 번째 켤레는 사십오 전의 벌금이 붙었다. 하루에 한 사람 앞에 여섯 켤레의 불량이 나온다면 벌금을 냈을 때 월급이 거의 남지 않았다. 심지어 벌금이 임금보다 더 많을 때도 있었다. 여공들이 등골이 휘게 일해도 가난에서 벗어나지 못했던 것은 바로 이 벌금 제도 때문이었다. 악덕 사장과 감독들은 벌금 제도를 이용해 여공들을 노예처럼 부렸다.

주룡이 지옥 같은 고무공장 여공 생활을 버텨 낼 수 있었던 것은 명자, 옥희, 분이 덕분이었다. 티격태격하며 오가는 따뜻한 말이 힘이 되고 위안이 되어 주었다.

잔혹한 벌금 제도

주룡은 옥희, 명자, 분이와 사총사로 불리며 우정을 쌓아 갔다. 덕이는 작업이 끝난 후 자주 평원고무공장으로 주룡을 찾아왔다. 덕이가 오면 사총사는 오총사가 되었다.

주룡의 생일날이었다. 오총사가 만나 평양 시장 안에 있는 순대국밥집에 갔다. 맛있기로 소문난 곳이었다. 국밥을 맛있게 먹은 후, 옥희가 정성스럽게 싼 선물을 주룡에게 내밀었다.

"주룡 언니 주려고 틈틈이 만들었어요."

펼쳐 보니 예쁘게 수놓은 베갯잇이었다. 베갯잇에 놓인 수를 보고 모두 벌어진 입을 다물지 못했다.

"와, 참 곱다. 옥희가 수를 이렇게 잘 놓는 줄 몰랐네. 고마워."

주룡은 진심으로 고마웠다. 이런 선물을 받아 보는 것은 처음이었다.

옥희는 참 사랑스러운 아가씨였다. 집안 형편이 몹시 어려운데도 늘 웃음을 잃지 않았다. 특히 콧잔등을 옹그리며 환하게 웃을 때는 보는 사람까지 참 기분이 좋았다. 그런 옥희의 웃음을 두고 명자가 한마디 했다.

"옥희 너, 우리 앞에서만 그렇게 웃어. 작업반장이나 감독이 너한테 반할라."

큰언니다운 걱정이었다.

"원, 언니도. 괜히 샘이 나는 모양이네."

주룡이 명자에게 곱게 눈을 흘겼다. 오총사는 주룡의 생일을 핑계로 모처럼 맛있는 것도 먹고 신나게 수다를 떨었다.

다음 날, 여공들이 작업을 마치고 작업대를 정리하고 있는데 작업반장이 옥희에게 다가왔다.

"옥희, 감독님이 끝나고 좀 보재."

순간 옥희의 얼굴이 굳었다.

"무슨 일로 부르는데요? 나랑 같이 어디 가기로 했는데."

주룡이 얼른 옥희 대신 물었다.

"내가 알아? 난 말을 전했을 뿐이야."

작업반장이 음흉한 웃음을 지었다. 옥희는 넋이 빠져나간 사람처럼 멍하니 서 있었다.

"저번에도 저녁 먹자는 걸 어머니 아프다고 간신히 물리쳤는데."

옥희가 혼잣말로 중얼거렸다.

입가의 긴 상처 때문에 거머리라는 별명이 붙은 감독은 실제 거머리처럼 행동했다. 마음에 둔 여공이 있으면 저녁을 먹자며 따로 불러내고는 했다. 그러나 저녁 식사만으로 끝나지 않았다. 그 뒤로도 감독은 계속 여공에게 또 만날 것을 요구했다. 그런 일은 이제 여공들 사이에서 비밀도 아니었다. 감독의 제안을 거절하는 여공은 눈 밖에 나 반드시 괴롭힘을 당했다.

"이 거머리가 또?"

명자가 치를 떨며 고개를 저었다. 가지 말라는 뜻이었다. 주룡도 고개를 저었다. 그러나 뒷감당이 무서웠다. 감독은 거절당하면 여공에게 불량을 주는 것으로 보복을 했다. 작업물 검사 때 불량을 받으면 벌금이 매겨졌다. 불량이 두 개면 하루 임금의 절반이 날아갔다. 게다가 감독은 검사용 긴 자로 여공들의 등을 후려치고는 했다.

주먹이 날아들 때도 있었다.

"나 어떡해요?"

옥희가 절망적인 눈빛으로 주룡을 바라보았다.

"옥희야, 절대 덫에 걸려들어선 안 돼."

결국 옥희는 감독의 저녁 식사 제안을 거절했다.

예상대로 그날 이후 감독은 옥희를 괴롭혔다. 점심시간에 불러서 롤러부인 옥희에게 재단부에서 하는 일을 시키고는 원단을 버렸다며 주먹을 휘둘렀다. 불량품 검사 때에도 멀쩡한 고무신에 불량을 두 개나 주었다. 식사 제안을 거절하며 각오했던 일이라 옥희

는 이를 악물고 견뎌 냈다.

그러나 그것으로 끝나지 않았다. 퇴근 시간 후에도 감독은 옥희에게 무슨 일인가를 시켜 집에 가지 못하게 했다. 주룡은 옥희의 일과가 끝날 때까지 기다려 주었다. 정식 퇴근 시간에서 두 시간이 지나서야 옥희는 휘청휘청 공장을 나왔다.

"옥희야!"

주룡을 보자 옥희가 서럽게 울음을 쏟아 냈다. 주룡은 화가 났지만 할 수 있는 게 아무것도 없었다. 사장에게 감독을 고발하려 해도 사장을 만날 수도 없었다. 가운데서 감독과 작업반장이 막고 있었기 때문이었다. 사장은 그들을 통해서만 공장 이야기를 들었다. 감독과 작업반장이 아무 문제 없다고 하면 그뿐이었다. 반대로 감독과 작업반장은 사장에게 자기 말을 듣지 않는 여공들을 문제 있는 직공이라고 보고하고 해고당하게 만들었다. 여공들은 해고당하는 것이 두려워서 감독의 괴롭힘을 힘겹게 참아 내고 있었다.

"나 그만둬 버릴까?"

옥희가 절망적인 표정으로 말했다.

"어머니도 편찮으시다면서……."

"덕이 언니네 공장에 부탁해 볼까?"

"거기도 마찬가지라더라. 아예 고무공장에 안 다니면 모를까. 휴!"

"감독의 횡포가 언제 끝날지 몰라. 벌써 일주일째야. 매일 불량을 받아서 이번 달 월급은 다 날아갔을 거야."

옥희는 감독의 괴롭힘이 명자의 말대로 자신의 웃음 때문이라고 생각했는지 요즘은 통 웃지 않았다. 옥희의 얼굴에서 웃음이 사라진 것을 보고 주룡은 가슴이 아팠다. 언젠가는 감독이 옥희를 괴롭히는 일도 끝나겠지만 그러면 또 다른 여공을 먹잇감으로 삼을 게 분명했다.

고무공장에서 아이 딸린 여공들의 노동 현실은 더 비참했다. 고무 찌는 냄새와 더운 김이 훅훅 끼치는 공장에서 아기에게 젖을 먹이고, 아기가 아파도 병원에 가지도 못했다. 자신에게 할당된 개수를 채우지 못하면 임금이 깎이기 때문이었다.

어제부터 분이 아기가 열이 오르면서 온종일 칭얼댔다. 간밤에 얼마나 아기와 힘들었는지 오늘 아침 분이 모습은 귀신같이 창백했다. 아기는 오늘도 계속 칭얼댔다.

"분이야, 병원에 가 봐야 하지 않겠어?"

주룡이 걱정되어 물었다. 하지만 분이는 아무 대꾸도 없이 롤러만 죽기 살기로 돌려 댔다. 아기는 분이의 품에서 계속 울어 댔다. 그런 분이를 보는 주룡과 옥희와 명자는 가슴이 찢어지는 듯했다.

"그러다 애 죽일라!"

보다 못해 명자가 소리쳤다. 분이는 어제 아기 때문에 불량이 세 개나 나왔다. 온종일 허덕이며 번 돈이 벌금으로 다 깎이고 말았다. 아기를 병원에 데려가려면 벌금을 메울 만큼 돈을 더 벌어야 했다. 감독은 아기 때문인 줄 알면서도 매정하게 불량을 주었다. 주룡과 명자가 사정을 이야기했으나 소용없었다. 감독이 그러는 데는 사적인 감정이 있었다. 혼자 사는 분이에게 전부터 흑심을 품었던 감독은 분이가 순순히 마음을 주지 않자 자주 심통을 부렸다.

"여기가 네 집구석이야? 애 데리고 오려면 당장 그만둬!"

매번 감독은 잔인하게 굴었다.

"아기를 봐 줄 사람이 없어요. 아기 때문에 제 할당량을 못 채우는 일은 절대 없을 거예요. 열심히 할게요. 사정 좀 봐주세요, 감독님."

분이는 사정하고 또 사정했다. 그리고 자기 말처럼 아기 때문에 할당량을 못 채우는 일은 없었다. 아기가 배고파 울면 젖을 물리면서 일했다.

분이는 어린 나이에 어머니가 되었다. 교회에서 만난 오빠와 사랑해서 혼인했지만 남편은 사고로 갑작스럽게 세상을 뜨고 말았다. 분이 배 속에는 이미 생명이 자라고 있었다. 하지만 시댁에서는 남편 잡아먹은 년이라며 집 안에 발도 못 들이게 했다. 분이는 혼자서 아기를 낳았고, 아기와 먹고살기 위해 악착같이 일했다.

어느 순간 아기 칭얼대는 소리가 나지 않았다. 주룡은 가슴이 철렁해서 분이를 쳐다보았다. 분이의 손은 여전히 바쁘게 롤러를 돌리고 있었다.

"분이야!"

주룡은 벌떡 일어나 분이의 품 안에서 아기를 뺏어 들었다.

"으헉, 어떡해!"

주룡의 입에서 비명 같은 울음이 터져 나왔다. 아기는 하늘나라로 가 버린 후였다. 주룡은 분이를 안고 울음을 터트렸다. 분이는 넋이 빠져나가 버린 듯 울지도 못했다. 그렇게 분이는 고무공장에서 아기를 잃었다.

주룡은 더는 그대로 보고 있을 수가 없었다.

'이대로 당하고만 있을 수 없어. 여공들도 사람이야. 최소한의 인간적인 대우를 받을 자격이 있어!'

83

작업이 끝나 갈 즈음 감독이 작업장으로 들어왔다. 작업한 물량을 평가하기 위해서였다. 감독이 뒷짐을 지고 앞쪽부터 검사했다. 재단부, 롤러부, 성형부 여공들이 일제히 숨을 죽였다. 잠시 후, 감독이 내지르는 욕설과 함께 몇 군데서 땅이 꺼질 듯한 한숨 소리가 터져 나왔다. 불량을 받은 여공들의 탄식이었다. 불량을 받으면 벌금이 생겼고, 벌금만큼 임금이 깎였다.

감독이 가까이 오자 옥희의 얼굴이 굳어졌다. 감독이 옥희를 한 번 흘끔 보더니 입가의 거머리가 꿈틀거렸다.

"음, 어디 보자. 불량, 불량, 불량!"

감독은 옥희의 고무신을 자세히 보지도 않고 불량을 주었다. 주룡이 봤을 때 옥희의 작업물은 다 정상이었다. 검사를 받기 전 몇 번이나 주룽이 살펴보았다.

"감독님, 이것들 다 정상 아닙니까? 아까 우리가 꼼꼼히 살펴봤… 윽!"

갑자기 주룽의 어깨에서 뜨거운 통증이 느껴졌다. 감독이 자로 내리친 것이었다.

"감히 감독의 평가에 불만 있나? 어디 강주룡 네 것도 좀 볼까?"

감독이 주룽의 작업물을 들었다.

"불량."

그러고는 수북이 쌓인 고무신을 모두 불량이라며 바닥으로 내던졌다. 옆에 따라다니는 서기가 불량 숫자를 적고 벌금을 매겼다. 한 달 치 월급이었다. 주룽은 어이가 없어 멍하니 서 있었다. 자리를 떠나려던 감독이 다시 주룽에게 다가왔다.

"오늘 일을 진심으로 반성하고 다시는 그러지 않겠다고 반성문을 써 오면 다시 봐 줄 수도 있지."

감독의 입꼬리가 꿈틀거렸다. 주룡은 온몸에 소름이 끼쳤다. 검사가 끝나자 여공들은 전쟁터에서 간신히 살아난 병사처럼 작업장을 나갔다.

"귀신은 저런 놈 안 잡아먹고 뭘 먹고 사는지 모르겠네. 퉤!"

명자가 감독이 사라진 쪽을 향해 침을 퉤 뱉었다.

"언니, 나 때문에……."

옥희가 주룡의 곁으로 다가와 훌쩍거렸다. 주룡은 옥희의 잘못이 아니라고 말해 주고 싶었지만 입이 떨어지지 않았다.

'월급을 못 받으면 어떡하나. 집에 돈도 부쳐야 하고, 당장 방세도 내야 하는데…….'

감독이 내뱉고 간 반성문이라는 말이 머리 한쪽에서 요동쳤다. 주룡은 그런 자신이 정말 싫었다. 숨이 막힐 것 같았다.

살기 위해 죽기로 맞서다

주룡은 덕이를 찾아갔다. 주룡에게 덕이는 친구이기도 하지만 상담사이기도 했다. 주룡은 공장에서 당한 일들을 덕이와 의논하고는 했다. 덕이는 사총사와 좀 다른 안목을 가지고 있었다. 사총사는 공장의 부당한 행위에 대해 흉을 보았다. 그러나 덕이는 해결 방안에 관해 이야기했다.

덕이는 '노동자의 권리'라는 생소한 말을 써 가며 노동자도 권리를 찾아야 한다고 했다. 주룡은 과연 그런 게 가능한지 믿어지지 않았지만, 그럴 때 덕이는 정말 모던 걸이 된 것 같았다.

"어서 와. 그렇잖아도 내가 찾아가려고 했는데."

덕이가 주룡을 반갑게 끌어안았다. 따뜻한 덕이의 품에 안기자 주룡은 콧등이 시큰해졌다.

"왜, 내가 보고 싶었어?"

주룡은 눈물이 나올까 봐 일부러 장난스럽게 말했다.

"그래, 보고 싶어서 아주 내 눈이 다 짓물렀다."

덕이도 주룡의 마음을 읽었는지 흔쾌히 맞장구를 쳐 주었다.

주룡은 덕이에게 요즘 공장의 분위기와 오늘 있었던 일을 이야기했다. 그리고 옥희를 감싸려다 벌금을 받은 것, 그 때문에 움츠러들었던 자신의 못난 마음에 대해서도 털어놓았다.

"아주 용감했어. 그런 마음이 커지고 뭉치면 바로잡을 수 있어. 힘내, 주룡아."

"앞에 나서서 바른말을 했다간 해고당할 수도 있고 번 돈을 뺏길 수도 있으니까 다들 모른 척하는 것 같아."

"그러니까 힘을 합쳐야 해. 혼자서는 거대한 저들을 상대하기 힘들어."

"어떻게 힘을 합쳐? 다들 두려워서 벌벌 떠는데."

덕이가 잠시 생각을 하더니 신중하게 입을 뗐다.

"주룡아, 너한테 소개해 줄 사람이 있는데 한번 만나 볼래?"

"누구? 어떤 사람인데?"

"정달헌이라는 사람인데 경성에서 대학을 나온 지식인이야. 노동자들의 부당한 현실을 살피고, 해결 방법을 찾기 위해 노력하고 있는 분이야. 나도 그분과 함께 공부하고 있어."

그제야 주룡은 덕이가 다른 여공들과 달라 보인 이유를 알았다. 주룡은 덕이의 제안에 관심이 갔다.

"만나 볼게. 우리의 문제를 해결할 방법을 찾는 공부라면 나도 해 보고 싶어."

주룡은 기대감에 차 말했다.

"처음부터 크게 기대하지는 마. 우리의 현실을 똑바로 알아야 저들과 싸울 수 있으니 공부해 보자는 거야."

다음 날, 주룡은 작업을 마치고 덕이와 함께 정달헌을 만나러 갔다. 허름한 사무실 입구에 '적색 노동조합'이라는 팻말이 붙어 있었다. 눈여겨보지 않으면 보이지 않을 정도였다. 안에는 수십 명의 사람이 모여 있었는데 대부분 여공이었다. 여공들은 진지한 모습으로 이야기를 나누고 있었다.

"반갑습니다. 덕이 동지에게 강주룡 씨 말씀 많이 들었습니다."

정달헌이 주룡에게 손을 내밀었다. 엉겁결에 주룡도 손을 내밀어 악수했다. 훤칠한 이마에 안경 너머로 보이는 눈빛이 무척 다정해 보이는 사람이었다. 덕이 말에 의하면 대학까지 나오고 공부를 많이 한 사람이라고 했다. 주룡은 공부를 많이 한 사람은 무척 거만할 거라고 생각했었다. 서간도 최 부자 댁 막내아들도 경성에서 대학을 다녔는데, 고향에 오면 사람들을 무시하고 말도 섞지 않았다. 하지만 정달헌은 거만하지도, 주룡을 무시하지도 않았다.

정달헌은 주룡에게 적색 노동조합에서 하는 일과 앞으로의 계획을 말해 주었다. 그들도 여공들과 같은 고민을 한다는 것을 알고 주룡은 용기를 내어 말했다.

"우리 평원고무공장 여공들은 비인간적인 대우를 받고 있습니다. 그런데도 사장은 대책을 세워 주기는커녕 할당량 채우기에만 혈안이 되어 있습니다."

"네, 평양의 모든 고무공장 여공들의 현실이지요."

"우리는 하루에 열두 시간 이상을 쉼 없이 일합니다. 그래야 겨우 삼십 전을 받습니다. 그러나 그마저도 잔혹한 벌금 제도 때문에 온전히 받은 적이 없습니다."

"네, 알고 있습니다. 똑같이 일하는데도 일본인 노동자는 조선인 여공들 임금의 네 배를 받지요. 조선인 사장들은 일본의 비위를 맞추고 제 주머니를 채우려고 조선 직공들을 착취의 대상으로만 보기 때문입니다."

정달헌이 눈에 힘을 주며 말했다.

"우리는 양철 지붕 밑에서 화로를 곁에 두고 비지땀을 흘리며 일합니다. 고무 냄새 때문에 늘 코가 얼얼하고 머리가 아픕니다. 그런 곳에서 아기에게 젖을 물리고, 남자 감독에게 몸 검사, 폭행, 희롱까지 당해 가며 고통을 받고 있습니다."

주룡은 며칠 전 일이 떠올라 몸을 부르르 떨었다.

"네, 잘 알고 있습니다. 여공들이 없다면 공장은 돌아갈 수 없습니다. 그러나 사장들은 노동자들의 피와 땀으로 잘 먹고 잘살고 있지요. 그래서 노동자들은 저들에게 정당한 대우를 요구할 권리가 있습니다. 권리를 보장받을 때까지 투쟁해야 합니다!"

정달헌의 유창하고 힘 있는 말은 주룡의 가슴에 희망의 물결을 일으켰다. 주룡은 이 물결을 평원고무공장 여공들과 함께 나누고 싶었다. 이 물결들이 모여 커다란 파도를 이루면 저들과 맞서 볼 수도 있다는 희망이 생겼다.

주룡은 평양 적색 노동조합에 정식으로 가입했다. 그리고 작업이 끝나면 덕이와 함께 적색 노동조합으로 갔다. 그곳에서 '동지'라고 부르는 사람들과 모여 공부했다. 정달헌이 모임을 이끌었다. 주룡은 적색 노동조합에 갈 때마다 새로운 힘을 얻었다. 주룡은 서서히 노동자의 권리에 대해 눈을 뜨기 시작했다.

주룡은 점심을 먹고 남은 시간에 옥희, 명자, 분이를 불러 정달헌에게 배운 것을 들려주었다. 세 사람은 처음에는 마지못해 들어 주는 듯하더니 점차 주룡의 말에 귀를 기울이기 시작했다.

"그럼 우리도 힘이 생긴다는 거예요?"

옥희가 눈을 반짝이며 물었다.

"그래, 지금 우리가 저들에게 짓밟히고 있는 건 우리가 우리의 권리를 찾지 않았기 때문이래. 그걸 찾는 작은 물결들이 모이면 거대한 파도의 힘으로 바뀔 수도 있대."

"까짓것 우리도 거대한 물결을 만들어 볼까?"

명자가 호탕하게 주먹을 흔들어 보이며 말했다.

"원, 언니도. 지금 당장 그러자는 게 아니라 우리의 권리를 찾기 위해 공부를 하자는 거지요."

주룡이 웃으며 말했다.

"맞아, 우리는 열심히 일했어. 당연히 그에 합당한 대우를 받아야 돼."

분이도 동의했다. 그때 어디선가 노랫소리가 들려왔다.

　"이른 새벽 통근차 소리에 고무공장 큰아기 벤또* 밥 싼다네. 하루 종일 쭈그리고 고무신 붙일 제, 얼굴 예쁜 색시라야 불량도 없지."

　"저, 저놈의 주둥이를 콱!"

　명자가 발끈하며 일어섰다. 주룡이 얼른 명자의 팔을 붙잡았다. 또 달려가 머리채를 잡을 기세였다. 그 노래는 공장 밖 사람들이 고무공장 여공들을 조롱하며 부르는 노래였다. 감독이 예쁜 여자들을 찍어 혜택을 준다는 내용이었다. 뜻도 모르는 아이들까지 부르고 다녔다. 주룡도 들은 적이 있었다.

　그런데 공장 안에서까지 부르는 것을 보니 분명 목적이 있었다. 아마도 옥희 들으라고 부르는 것 같았다. 옥희의 얼굴이 굳어졌다. 주룡이 일어나 노랫소리가 들려오는 곳으로 갔다. 대여섯 명의 무리가 모여 있었다. 그중에는 한때 감독에게 잘 보이려고 여공들을 염탐질하다 감독의 관심을 잃은 여공도 있었다.

　"잘못한 건 감독인데 왜 여공들을 비웃는 건가요? 자기 얼굴에 침 뱉는 것이란 걸 모르나요?"

* 벤또 : '도시락'의 일본 말

주룡이 목소리에 힘주어 말했다.

"우리가 뭘 어쨌다고 그런담."

"없는 소리도 아닌데 뭘."

그들은 투덜거리며 흩어졌다. 주룡은 한숨이 나왔다. 정달헌은 저런 사람들까지 눈뜨게 해 주는 게 주룡이 할 일이라고 말했다.

얼마 후, 평양 시내가 들끓었다. 고무공장 사장들이 대공황•으로 경기가 좋지 않다며 일방적으로 노동자들에게 십칠 퍼센트 임금 삭감과 정리 해고를 통보했기 때문이었다.

"임금을 깎는다고? 경기가 안 좋다고 연장 근무를 시키면서 공짜로 부려먹더니, 이젠 그마저도 깎겠다고? 우리더러 죽으라는 소리냐?"

평양의 열두 개 고무공장 2천여 명 직공들은 일제히 파업을 시작했다. 분노에 싸인 여공들도 시내로 몰려들어 구호를 외쳤다.

"임금 삭감 반대!"

"정리 해고 반대!"

대부분은 혼인한 여자들이었다. 이들은 임금 삭감과 정리 해고를 반대하는 것만이 아니라 또 다른 요구도 외쳤다.

• 대공황(大恐慌) : 1929년에 있었던 세계적으로 큰 규모의 경제적 혼란 상태

"아이 낳기 전후 삼 주간 휴식과 생활을 보장하라!"

"아이 젖 먹이는 시간을 자유롭게 보장하라!"

"비인간적인 벌금 제도를 없애라!"

주룡은 작업이 끝나면 시내로 가서 파업 투쟁에 동참했다. 하지만 파업이 한 달여가 되어 가도 사장들 측에서는 아무런 대책도 대답도 없었다.

"쯧쯧, 계란으로 바위 치기지."

고무공장 직공들의 파업을 지켜보는 사람들은 혀를 찼다. 어느 날, 정달헌이 주룡에게 말했다.

"강 동지, 아무래도 분위기가 심상치 않소. 사장들이 파업 동참자를 수십 명씩 해고하고 있다고 합니다. 이러다 파업 의지가 꺾일까 걱정이오. 강 동지는 평원고무공장의 동태를 잘 살펴 주시오."

"네. 그런데 이토록 노동자들의 의지가 굳센데 설마 사장들이 밀어붙일까요?"

"강 동지는 그렇게 당하고도 모르겠습니까. 저들에게 노동자는 돈을 벌기 위한 수단, 그 이상도 이하도 아닙니다. 저들은 쉽게 포기하지 않을 겁니다. 다만 어느 공장에서 먼저 시작하느냐, 서로 눈치를 보는 겁니다."

얼마 후, 설마설마했는데 올 것이 오고야 말았다. 1931년 5월, 점심을 먹으러 가던 평원고무공장의 한 여공이 작업장 입구에 붙은 사장의 통보문을 보았다.

"이달부터 임금을 십칠 퍼센트나 깎는다고?"

사람들의 얼굴에 절망의 그림자가 드리웠다. 여기저기서 한숨 소리만 터져 나왔다.

'우린 절대 사장의 통보를 받아들일 수 없어.'

주룡은 두 주먹을 불끈 쥐었다. 그때 명자가 흥분한 얼굴로 뛰어 왔다.

"주룡아, 봤냐? 사장이 이번 달부터 우리 임금을 십칠 퍼센트 깎는단다. 말도 안 돼. 우리에겐 물어보지도 않고 자기 맘대로야. 장사가 안되면 자기들이 좀 덜 가져가면 되잖아. 그동안 고무신 장사 잘돼서 돈 많이 벌었을 거 아냐. 장사 잘될 땐 잘된다고 우리한테 특별 수당이라도 줬냐? 쥐꼬리만도 못한 우리 임금을 더 깎겠다고? 어휴, 속 터져 죽겠네."

명자가 가슴을 쳤다.

"언니, 투쟁합시다. 이대로 당하고만 있을 수 없어요. 뜻이 같은 사람들을 모아서 파업합시다. 사람들을 좀 모아 주세요. 제가 설득

할게요."

"그래, 우리가 강력하게 거부하면 사장도 생각을 바꿀지 모르지. 내가 사람들을 모아 볼게."

명자는 괄괄한 성미 때문에 입은 좀 거칠어도 여공들 사이에서 신뢰가 있었다. 인정도 많고 불의를 보면 발끈하는 정의로움도 있었다. 그런 명자는 은연중 평원고무공장 여공들의 큰언니 역할을 하고 있었다.

작업이 끝나자 명자는 잔업 정리를 한다면서 작업반장의 눈을 따돌렸다. 미리 명자의 전달을 받은 여공들이 롤러부 작업실로 모였다.

"여러분, 오늘 사장의 통보문 보셨지요? 지금 우린 부당한 벌금 제도로 임금을 깎이고 실제로 받는 임금으로는 생활하기도 어렵습니다. 그런데 작업 시간은 더 늘리고 임금은 십칠 퍼센트 깎는다고 합니다. 도저히 받아들일 수 없습니다. 임금 삭감을 철회할 때까지 우리 같이 투쟁합시다. 여러분 생각은 어떻습니까?"

"옳소!"

"더는 종노릇할 수 없어!"

마흔아홉 명의 여공이 뜻을 함께했다.

"이번 투쟁이 절대 쉽진 않을 것입니다. 그러나 우린 해내야만 합니다. 내일 아침 점호 끝나고 감독과 작업반장이 나가면 곧바로 문을 잠그고 파업을 선언합시다."

다음 날, 계획했던 대로 주룡이 맨 앞에 서서 파업을 주도했다. 밖에서 감독들이 욕설을 퍼부으며 문을 열려고 했다. 여공들은 작업대를 밀어 문을 막았다. 협박과 회유의 말들이 계속 들려왔다. 그러나 여공들은 서로 손을 잡고 목청껏 외쳤다.

"임금 삭감을 철회하라!"

오후부터 비가 내리기 시작했다. 비 때문인지 밖이 조용했다.

"왜 아무런 반응이 없지?"

명자가 주룡을 쳐다보았다. 차라리 요란한 대응이 있으면 이쪽에서도 목청껏 외치면 되는데, 조용하니까 불안했다. 빗소리만 크게 들렸다.

얼마 후, 뒷문 쪽에서 트럭 소리가 났다. 밖을 내다보니 트럭에 여자들이 가득 타고 있었다. 그때 누군가 문틈으로 쪽지 한 장을 밀어 넣었다. 주룡이 얼른 쪽지를 읽었다.

트럭에 새로 모집한 여공들 타고 있음.

덕이가 보낸 쪽지였다. 주룡은 가슴이 철렁했다.

"여러분, 저 트럭에 새로 모집한 여공들이 타고 있답니다. 사장은 우리와 타협을 하지 않고 여공을 새로 모집하여 뒷문으로 몰래 들어와 공장을 돌리려는 것입니다. 저들을 막아야 합니다. 몇 명만 나와 함께 가서 저 트럭을 막읍시다. 트럭 앞에 드러누웁시다. 설마 우리를 깔아뭉개기야 하겠습니까?"

명자를 비롯한 열 명 정도가 주룡을 따라나섰다.

주룡과 여공들은 억수같이 퍼붓는 비를 뚫고 트럭을 막았다. 몇 명은 트럭 밑에 드러누웠다. 그리고 함께 구호를 외쳤다.

"임금 삭감 철회!"

진흙탕 물에 몸이 축축하게 젖어 들었다. 트럭은 어쩔 수 없이 후진하여 물러갔다. 안에서 여공 파업단이 함성을 지르며 더욱 크게 임금 삭감 철회를 외쳤다.

또다시 밖은 조용해졌다. 날은 어두워지는데 공장 측은 대꾸가 없었다. 주룡은 투쟁의 강도를 높여야겠다고 생각했다.

"여러분, 사장은 우리의 말을 들으려고 하지 않습니다. 우린 절대 이대로 물러설 수 없습니다. 단식으로 우리의 굳은 의지를 보여 줍시다."

"단식?"

단식이라는 말에 몇몇 여공들이 자기 배를 만졌다. 안 그래도 배 불리 먹지 못하는데 배를 더 곯아야 한다고 생각하니 불안한 모양이었다.

"우리가 죽을 각오로 싸운다면 저들의 대응이 달라질 것입니다. '아사 동맹'을 맺고 저들에게 알립시다. 혹시 동의하지 않는 사람은 지금 나가도 좋습니다. 강요하진 않겠습니다."

주룡이 비장한 표정으로 동료들에게 말했다.

"무슨 소리야. 함께 시작한 일, 함께 끝내야지. 난 찬성!"

"그래, 이제 와서 그만두면 안 하느니만 못하지. 나도 찬성."

마흔아홉 명 전원이 아사 동맹에 찬성했다. 주룡은 밖을 향해 소리쳤다.

"지금부터 우리 파업단 마흔아홉 명 전원은 살기 위해 굶어 죽기로 결심하고 아사 동맹을 맺었다! 우리의 요구를 들어줄 때까지 단식 투쟁에 들어갈 것이다!"

조용하던 밖이 웅성거리기 시작했다.

"너희들은 전원 해고될 것이다. 단식 투쟁 같은 거 해 봐야 아무 의미도 없어!"

거머리 감독의 목소리였다.

평원고무공장 여공들은 단식 투쟁에 들어갔다. 공장 밖에 있는 덕이가 이 사실을 빠르게 다른 공장으로 전했다. 여공들이 단식 투쟁을 한다는 소식에 다른 공장 관계자나 신문사 기자들이 평원고무공장으로 몰려들었다. 여기저기서 취재하는 소리가 들렸다.

"됐어요. 우리가 잘 버텨 내기만 하면 승산이 있어요. 힘을 냅시다."

파업단은 손에 손을 잡고 서로를 응원했다. 배가 고플수록 목청껏 소리 높여 구호를 외쳤다. 주룡이 먼저 외치면 여공들이 따라 외쳤다.

"임금 삭감 철회!"

"임금 삭감 철회!"

세상에서 가장 높은 곳에 오르다

추적추적 내리던 비도 그치고 어둠이 내려앉았다. 다시 밖이 조용해졌다. 단식을 언제까지 하나 두고 보자는 것 같았다. 구경하던 사람들과 공장 직원들도 집에 갔는지 보이지 않았다.

온종일 목이 터져라 구호를 외친 파업단 여공들도 지쳤는지 더러는 벽에 기대어 있고, 더러는 밖의 무반응에 불안해하고 있었다.

덕이가 쪽지를 보내왔다. 정달헌이 잡혀갔다는 내용이었다. 주룡은 화들짝 놀라 일어섰다.

"또 무슨 안 좋은 소식이야?"

명자가 주룡의 반응에 놀라 물었다.

"아, 아니에요. 다른 공장에서도 곧 파업할 거라는 전갈이에요."

주룡은 얼른 둘러댔다. 파업단이 알아 봐야 힘만 빠질 터였다. 정달헌이 경찰에 붙잡혔다는 소식이 새삼 놀랄 일도 아니었다. 정달헌은 평소에 동지들에게 늘 말했었다.

"난 언젠가는 잡혀갈 겁니다. 그러나 내가 없어도 여러분들의 투쟁은 계속되어야 합니다."

밤이 깊어지자 공장은 고요하고 쓸쓸한 분위기에 둘러싸였다. 이따금 개 짖는 소리만 들려올 뿐이었다.

꼬르륵꼬르륵. 갑자기 어디선가 들려오는 꼬르륵 소리에 주룡은 소스라치게 놀랐다. 그것을 신호로 여기저기서 몇 번 더 꼬르륵 소리가 들려왔다. 몇몇 사람이 배를 움켜쥐었다. 그러나 소용없었다. 파업단의 굳건한 의지로도 감출 수 없는 게 바로 배고픔이었다. 아무리 배를 움켜쥐고 쥐어짜도 감출 수가 없었다. 꼬르륵 소리는 여공들의 신음 소리 같았다.

꼬르륵꼬르륵. 여공들은 서로를 민망하게 쳐다보았다. 처음 한두 번 들릴 때는 웃어넘길 수 있었지만 계속 듣고 있으면 자칫 투쟁의 의지가 약해질 수 있었다.

"여러분, 우리 내기할까요?"

뜬금없는 주룡의 말에 여공들의 눈이 커다래졌다.

"살아오면서 자기가 제일 행복했던 때를 이야기해 봅시다. 어떤 얘기든지 좋아요. 다 같이 듣고 박수를 가장 많이 받는 사람이 우승자가 되는 거지요. 우승자에겐 내가 평양에서 제일 맛있는 국밥을 사 드리겠습니다. 더 이상 먹을 수 없을 때까지 몇 그릇이라도 사겠습니다. 어떻습니까?"

여공들이 환호하며 손뼉을 쳤다.

"그럼 명자 언니부터 시작하시지요."

갑자기 지명을 받자 명자가 주룡에게 눈을 흘겼다.

"좋아. 내 팔자에 무슨 행복한 때가 있었나 싶은데, 지금 막 떠오르는 장면이 있네. 첫애를 가졌을 때였어. 시댁이나 친정이나 어찌나 가난한지 입덧도 사치였지. 하루는 늙은 시어머니와 함께 잔칫집에 일 간 서방이 오기만을 기다리고 있었어. 보리쌀이라도 받아 와야 밥을 해 먹으니까. 온종일 굶고 눈이 빠지게 산모퉁이를 바라보고 있는데, 서방이 허청허청 걸어오는 게 보여. 막 달려갔지. 서방이 반가워서가 아니라 손에 들린 보리쌀 자루를 가지러. 자루를 낚아채 돌아서는데, 서방이 내 팔을 붙잡는 거야. 그러더니 주머니에서 노르스름한 동태 부침개 하나를 꺼내더라고. '임자 주려고 가져왔어.' 하면서. 부침개에 담배 가루가 더덕더덕 붙어 있었어. 미처 종이에 쌀 겨를도 없이 챙겼나 봐. 그걸 입에 넣는데 갑자기 눈물이 왈칵 쏟아지는 거야. 그 마음이 너무 애틋해서. 그 화상이 그때는 그렇게 나를 위했었는데…….”

명자가 고개를 돌리고 코를 팽 풀었다. 옥희가 손뼉을 쳤다. 그러자 다른 여공들도 모두 손뼉을 쳤다. 그만두라고 팔을 내젓는 명자의 눈에 행복이 고여 있었다.

“나도 들려줄 이야기가 있구먼요.”

재단부 여공이었다. 평소 과묵한 편이라 눈에 잘 띄지 않은 사람이었다. 그런데 의외로 이번 파업에 적극적으로 참여했다.

“우리 시댁은 유별난 집이에요. 살아 있는 손자보다 죽은 조상을 끔찍이 위하는 집안이에요. 그래서 제삿날은 만사를 제쳐 놓고 제사상을 준비해요. 재작년 제사 때, 육 개월 된 우리 아기가 매우 아팠어요. 온몸이 불덩이고 며칠째 젖도 못 빨았어요. 병원에 데려가고 싶은데 시아버지가 제사 앞두고 부정 탄다며 제사 끝나고 가라고 했어요. 원망스러웠지만 꾹 참았어요. 어서 제사가 끝나면 병원에 가려고 아이를 업고 부지런히 제사상을 차렸어요. 그런데 어느 순간 등에 업힌 아기가 팔을 툭 떨어뜨리는 게 느껴졌어요. 등골이

서늘했어요. 얼른 아기를 내려 보니 숨을 쉬지 않았어요. 나는 죽은 아이를 부둥켜안고 미친 듯이 울었어요. 울다 벌떡 일어나 제사상을 엎어 버렸어요. 아기의 목숨을 앗아 간 조상이 무슨 조상이냐고 악을 쓰며 제기들도 다 깨부숴 버렸어요. 그렇게라도 하지 않으면 우리 아기가 하늘나라에도 못 가고 구천을 떠돌 것 같았어요. 그 대가로 나는 시댁에서 쫓겨났지만 후회는 안 해요. 행복했던 때라기보다는 처음으로 내 생각을 말할 수 있는 용기를 낸 날이었어요. 우리 아기가 못난 엄마에게 남기고 간 선물이었지요. 이제 나는 할 말은 하고 살려고요. 그래서 이 파업에도 참여했어요."

여자의 말이 끝나자 힘찬 박수가 터져 나왔다.

"잘했어, 잘했어!"

동병상련을 느낀 여공들은 속이 시원하다며 박수를 쳤다. 곧이어 다른 여공들도 돌아가면서 이야기를 했다. 한 번도 행복한 적이 없다고 고개를 내젓던 사람도 자기 차례가 되면 꽁꽁 묻어 둔 기억을 찾아냈다. 첫사랑 이야기, 혼인 이야기, 출산 이야기, 친구 이야기 등 가슴 훈훈해지는 이야기들이 터져 나왔다. 밥을 먹은 것은 아니었지만 이야기로 마음을 가득 채워서인지 모두들 잠시 배고픔을 잊을 수 있었다.

주룡은 언제 가장 행복했는지 돌아보았다. 물론 전빈과 함께했을 때가 가장 행복한 시절이었다. 그중에서도 혼례식 날 신랑이 궁금해 훔쳐보다 깜짝 놀랐던 순간. 그때를 떠올리자 주룡은 자기도 모르게 입가에 미소가 번졌다.

"어머, 주룡이 입꼬리 올라가는 것 좀 봐. 할 얘기가 있다 이거지. 어디 우리 주룡이 행복한 이야기도 좀 들어 볼까요?"

명자가 바람잡이를 했다. 여공들이 손뼉을 쳤다.

"좋아요. 나도 아주 행복한 시절이 있었지요."

주룡의 입을 바라보는 여공들의 얼굴이 많이 안정되어 보였다. 밖을 보니 푸르스름하게 새벽이 열리고 있었다.

"그러니까, 내가 갓 스무 살이 되었을 때……."

그때였다. 밖에서 무슨 소리가 들렸다. 주룡과 여공들은 벌떡 일어나 창가로 갔다. 그러고는 모두 귀를 문틈에 대고 소리를 들었다.

"발소리 같아요. 근데 한두 사람이 아닌 것 같아요."

누군가 낮게 말했다. 순간 파업단 여공들의 얼굴에 두려움이 내려앉았다. 주룡은 여공들을 향해 말했다.

"여러분, 걱정하지 마세요. 아마 공장 경비대일 겁니다. 작업장 출입문을 단단히 막았으니 절대 들어올 수 없어요. 조금 있으면 날

이 밝을 테니 조금만 더 힘을 냅시다. 아침에 다시 공장 측에 통보문을 보내 우리의 결심이 확고함을 보여 줍시다. 임금 삭감 철회!"

주룡의 외침에 여공들도 구호를 따라 외쳤다.

쨍그랑쨍그랑! 갑자기 뒤쪽 유리창이 깨지는가 싶더니 시꺼먼 남자들이 문을 부수고 들이닥쳤다. 남자들은 모자를 쓰고 총을 들고 있었다. 깜짝 놀란 여공들이 비명을 지르며 구석으로 몰려갔다. 일본 경찰들이었다.

"주동자가 누구냐?"

"나요."

주룡이 앞으로 나섰다.

"너희 파업 동참 여공 마흔아홉 명은 전원 해고됐다. 해고됐으니 이제 이곳에 있을 자격이 없다. 당장 여기서 나가라."

대장인 듯한 경찰이 종이 쪽지를 주룡 앞으로 내던졌다. 주룡이 주워서 보니 사장의 도장이 찍힌 해고 통지서였다. 주룡은 손이 부들부들 떨렸다. 조선인 사장이 일본 경찰을 불러 자기 공장 여공들을 몰아내고 있었다.

"흥, 우린 여기서 한 발짝도 물러나지 않을 것이다."

여공 파업단은 손에 손을 잡고 절대로 흩어지지 말자며 강경하게 맞섰다. 대장 경찰이 호루라기를 삑 불자 경찰들이 달려들어 여공들을 밖으로 끌어냈다. 주룡은 작업대

기둥을 붙잡고 안간힘을 썼으나 남자의 힘을 당해 낼 수가 없었다.

"놔라, 우린 절대 물러나지 않는다!"

어둠 속에서 여공들의 비명이 들려왔다. 손을 놓친 여공들이 언니, 성님, 아무개야… 서로를 애타게 불러 댔다. 공장 밖으로 내팽개쳐진 여공 파업단은 분해서 가슴을 치며 울었다.

평원고무공장 조선인 사장은 잔혹한 일본 경찰에 파업단을 고발함으로써 협상할 마음이 전혀 없음을 보여 주었다. 해고된 마흔아홉 명의 평원고무공장 여공들은 하나둘 흩어져 돌아갔다.

주룡은 갈 집이 없었다. 파업 준비를 위해 살고 있던 방의 보증금을 빼서 비용으로 써 버렸기 때문이었다. 그렇게 간절하게 모든 것을 걸고 한 파업이었다.

'이대로 물러나선 안 돼. 어떻게든 다시 싸워야 해.'

주룡은 파업에 실패한 여공들의 의지가 꺾일까 걱정되었다.

'정달헌이라면 어떻게 했을까?'

주룡은 눈을 감고 생각했다.

"강 동지, 당신은 할 수 있습니다. 노예처럼 일하는 평원고무공장 노동자들이 합당한 권리를 찾을 수 있도록 해야 합니다. 평원고무공장 파업이 무너지면 다른 평양 고무공장 사장들도 기다렸다는 듯이 노동자들의 임금을 대폭 삭감할 것입니다."

정달헌의 목소리가 들리는 듯했다.

주룡은 일어나 발길 닿는 대로 걸었다. 흩어진 여공들을 다시 불러 모으기는 현실적으로 불가능했다. 파업에 참여했던 여공 중에는 가족의 격렬한 반대를 무릅쓰고 참여한 사람이 적지 않았다. 남편과 시어머니가 찾아와 머리채를 잡고 끌고 가려 했으나 남겠다고 버틴 사람도 있었다.

'파업이 실패했으니 돌아가 남편에게 곤죽이 되도록 맞을지도 몰라. 또 여자가 어디서 큰소리를 내느냐고 시어머니한테 된통 시집살이를 당할지도 모르지.'

그러나 아이를 잃고 제사상을 뒤엎은 여자처럼 끝내는 그들이 자기 목소리를 낼 것이라고 주룡은 믿고 싶었다.

'혼자서는 힘들어. 함께여야 해. 흩어진 힘을 다시 묶을 동아줄이 필요해. 꺼진 불을 다시 살리려면 불쏘시개가 필요해. 어떻게 해야 할까.'

주룡은 생각하고 또 생각했다. 지금 자신이 가진 것은 목숨 하나밖에 없었다.

'그래. 이 목숨 바쳐 투쟁의 불씨가 다시 살아난다면, 세상 사람

들의 눈길을 끌 수 있다면 기꺼이 바칠 수도 있어.'

주룡은 주머니를 뒤졌다. 얼마 되지 않는 돈이 남아 있었다. 주룡은 시장으로 가서 가진 돈만큼 광목천을 샀다. 이것이면 충분했다. 고개를 들어 보니 멀리 을밀대가 보였다. 을밀대는 평양에서 가장 높은 누각˙이라 사람들이 많이 찾는 곳이었다. 주룡은 동이 트기 전에 을밀대를 향해 걸음을 재촉했다.

을밀대 축대˙ 아래 도착해 위를 올려다보니 무척 높았다. 축대만 해도 높은데 그 위 을밀대까지는 한참 높았다. 주룡은 한동안 을밀대를 올려다보았다.

'을밀대에서 내려다보는 대동강 풍경이 참 아름답다는데…….'

주룡은 자신의 신세가 처량하다는 생각이 들었다.

˙ 누각(樓閣): 사방을 바라볼 수 있도록 문과 벽이 없이 다락처럼 높이 지은 집
˙ 축대(築臺): 높이 쌓아 올린 대나 터

'마음 약해지기 전에 어서 움직이자.'

축대 위 을밀대에 도착해 낭떠러지 쪽으로 간 주룡은 광목천을 길게 찢어 이어 묶었다. 그리고 한쪽에 돌멩이를 매달아 을밀대 기둥 위쪽을 향해 힘껏 던졌다. 그러나 광목천은 기둥에 걸쳐지지 않고 힘없이 떨어졌다. 먹은 게 없으니 힘에 부쳤다.

그때였다. 광목천이 떨어진 방향에서 학 한 마리가 푸드덕 날아올랐다. 주룡은 깜짝 놀라 엉덩방아를 찧었다. 학은 멀리 날아가지 않고 옆 나무로 옮겨 앉았다. 제 보금자리를 빼앗길 수 없다는 듯한 몸짓 같았다. 주룡은 다시 광목천을 던졌다. 또 떨어졌다. 몇 번이고 던져도 광목천은 떨어져 내렸고, 그때마다 학은 주위의 나무로 옮겨 앉았다. 순간 주룡은 생각했다.

'과연 내 죽음이 세상 사람들의 눈길을 끌 수 있을까. 하찮은 여공의 죽음에 관심이나 가질까. 아니다. 살아서 이야기하자. 저 학처럼.'

주룡은 광목천을 돌돌 감아쥐고 축대 반대편 을밀대 현판이 있는 곳으로 갔다. 그러고는 광목천을 을밀대 지붕 모퉁이 기둥으로 힘껏 던졌다. 역시 쉽게 걸리지 않았다. 수십 번을 던져 간신히 걸렸다. 주룡은 광목천을 밧줄처럼 잡고 버티며 지붕 위로 올라갔다.

여기, 사람이 있습니다!

　5월이라지만 새벽바람이 차가웠다. 주룡은 광목천으로 몸을 둘둘 말아 을밀대 지붕 모서리에 묶었다. 경사진 지붕이라 잘못하면 미끄러질 수 있었다.

　날이 밝기를 기다리며 주룡은 발아래 펼쳐진 세상을 내려다보았다. 평양이 한눈에 들어왔다. 크고 작은 산들이 병풍처럼 둘러친 평양은 참 평화로워 보였다. 그 한가운데를 대동강이 흘러가고, 옹기종기 모여 있는 집들은 정겨워 보였다.

　주룡은 평원고무공장이 있는 쪽을 바라보았다. 조금 전까지 목숨 걸고 투쟁했던 곳인데 마치 오래된 사진을 보고 있는 듯했다. 주

룡은 외롭고 무서웠다.

'서방님이 옆에 있었으면 얼마나 좋았을까?'

주룡은 전빈이 사무치게 그리웠다. 둘은 동네 사람들이 부러워할 만큼 부부의 정도 좋았다.

'빼앗긴 나라를 찾겠다고 독립군 부대를 찾아가지 않았으면 둘이서 알콩달콩 잘 살았을까? 서방님이 죽지도 않고, 이런 순간이 오지도 않았을까?'

수많은 생각이 주룡의 머릿속을 스쳐 갔다.

'서방님이 지금 내 모습을 본다면 뭐라고 할까? 내가 서방님의 선택을 존중해서 만주로 따라나섰던 것처럼 서방님도 내 선택을 응원해 주겠지.'

얼마나 시간이 흘렀을까. 멀리 들판이 끝나는 곳에서 해가 떠오르고 있었다. 을밀대 아래 붉게 핀 철쭉꽃 무더기가 선명하게 눈에 들어왔다. 주룡은 길을 내려다보며 사람들이 풍경을 즐기러 을밀대를 찾아오기를 기다렸다.

해가 눈썹 언저리쯤 올라왔을 때, 사람들이 을밀대로 몰려들기 시작했다. 도란거리는 말소리가 가까이 들려왔다. 주룡은 마른침을 삼켰다. 그리고 일어섰다.

"여기, 사람이 있습니다! 여기, 사람이 있습니다!"

주룡은 기운을 모아 소리쳤다. 주룡의 목소리를 들었는지 아래에서 수런거리는 소리가 들렸다.

"어? 을밀대 지붕 위에 사람이 올라가 있다!"

누군가 소리쳤다. 주룡은 사람들이 잘 볼 수 있게 처마 쪽으로 한 발 내디뎠다.

"여자다!"

"저길 왜 올라갔지?"

"위험해요! 빨리 내려와요!"

구경꾼들이 주룡을 향해 저마다 한마디씩 했다.

"저는 평원고무공장 여공 강주룡이라고 합니다. 오늘 제가 이 을밀대 지붕에 올라온 것은 여러분에게 꼭 알려야 할 것이 있기 때문입니다."

"고무공장 여공이래. 지금 파업 중이라던데, 왜 여기 있지?"

"뛰어내리려는 거 아냐? 우리가 보는 앞에서 몸이라도 던지려고."

사람들이 웅성거렸다.

"당신은 무엇 때문에 을밀대 지붕에 올라간 겁니까?"

한 남자가 소리쳤다. 손에 사진기가 들려 있는 것으로 보아 기자 같았다. 주룡은 마침 잘되었다 싶었다.

"평원고무공장 사장은 우리 노동자들의 임금을 십칠 퍼센트 깎고, 정리 해고 하겠다고 일방적으로 통보했습니다. 이에 우리 여공 마흔아홉 명은 일방적인 결정을 철회해 달라고 파업을 단행했습니다. 하지만 사장은 우리의 요구를 무시했습니다. 우리는 아사 동맹을 맺고 단식 투쟁에 들어갔습니다. 그러나 사장은 여공 파업단 마흔아홉 명을 전원 해고하고, 경찰을 불러 우리를 무자비하게 공장 밖으로 끌어냈습니다."

삐익, 삐익! 호루라기 소리가 들렸다. 말을 탄 기병을 선두로 수십 명의 일본 경찰이 을밀대 축대 아래로 몰려들고 있었다.

"누구든 여기서 날 끌어 내리려 하면 나는 즉시 몸을 던져 죽을 것입니다! 그러니 날 강제로 끌어 내릴 생각은 마십시오!"

주룡은 경찰이 있는 쪽에 대고 소리쳤다.

"나는 기자입니다. 하고 싶은 말이 있으면 더 하십시오."

"우리는 우리 마흔아홉 명 파업단의 임금 삭감만을 생각하는 것이 아닙니다. 이것이 결국은 2천3백 명 평양 고무공장 직공의 임금 삭감의 원인이 될 것이므로, 우리는 죽기로서 반대하는 것입니다.

2천3백 명 우리 노동자의 살이 깎이지 않기 위하여 내 한 몸뚱이가 죽는 것은 아깝지 않습니다. 나는 많이 배우지는 못했습니다. 그렇지만 내가 권리를 포기해서 다른 사람에게까지 피해를 줄 수는 없습니다!"

그때였다. 뒤쪽에서 경찰들이 지붕 위로 올라왔다. 주룡이 얼른 몸을 돌려 뛰어내리려는데 아래에서 누가 애타게 부르는 소리가 들렸다.

"주룡아!"

덕이였다. 덕이가 손을 내저으며 발을 동동 구르고 있었다.

"안 돼! 뛰어내리면 안 돼! 죽으면 안 돼!"

덕이는 손짓 발짓으로 말하고 있었다. 평원고무공장 여공들도 와 있었다. 명자, 옥희, 분이는 서로 손을 꼭 잡고 주룡을 향해 흔들었다. 다시 뭉치겠다는 신호였다.

신문사 기자들이 계속 사진을 찍어 댔다. 구름처럼 몰려든 사람들도 안타까운 표정으로 을밀대 지붕 위를 올려다보고 있었다. 주룡이 멈칫거리고 있는 사이 경찰들이 달려들어 주룡의 팔을 꺾었다. 거세게 몸부림쳤지만 당해 낼 힘이 없었다. 주룡은 을밀대 지붕 위로 올라간 지 여덟 시간 만에 강제로 끌려 내려왔다.

주룡은 적색 노동조합에 가입했다는 죄로 경찰에 체포되었다. 그렇지만 주룡은 감옥에 갇혀서도 계속 단식을 이어 갔다. 아사 동맹 이후 한 끼도 먹지 않았다. 주룡은 정신을 놓지 않기 위해 구호를 외쳤다.

"임금 삭감 철회하라!"

"정리 해고 철회하라!"

며칠째 단식을 했더니 눈앞이 핑그르르 돌고 휘청거렸다.

"그러다 정말 죽겠소. 밥을 먹어야 하오."

보다 못한 간수(교도관)가 주룡에게 말했다.

"우리의 요구가 받아들여질 때까지 나는 밥알 하나도 입에 넣지 않을 것이오."

"에구, 쯧쯧."

이틀 뒤 간수가 다시 주룡을 찾아왔다.

"강주룡 씨, 이젠 밥을 먹어도 돼요. 여론에 밀린 사장이 결국 당신들의 요구를 받아들이기로 했답니다."

"참말이에요? 정말 사장이 임금 삭감을 철회한다고 했다고요?"

주룡은 벌떡 일어섰다.

"그뿐만이 아니오. 해고한 여공들도 모두 복직시킨다고 했답니다. 강주룡 당신만 빼고…….”

간수가 안타까운 표정으로 주룡을 바라보았다. 그러나 주룡은 두 손을 맞잡고 기쁨의 눈물을 흘렸다.

"난 괜찮아요. 하마터면 우리 투쟁이 물거품이 될 뻔했는데……."

주룡은 작은 성과지만 투쟁에 성공했다는 사실이 가슴 벅찼다. 이번 성공은 앞으로 더 많은 투쟁을 위한 원동력이 될 터였다.

명자와 옥희, 분이가 면회를 왔다.

"주룡아, 우리가 해냈어. 아니 네가 해냈어. 사장이 임금 삭감을 철회했어!"

명자가 눈물을 글썽이며 소식을 전했다.

"해고된 파업단도 복직시킨다는데, 언니만 제외했어요. 어떡해요. 우리만 돼서……."

옥희가 미안하다는 듯 말했다.

"난 괜찮아. 다들 공장으로 돌아가게 되어서 다행이에요. 그러나 여기서 멈추면 안 돼요. 아직 갈 길이 멀어요. 모든 노동자의 당연한 권리를 찾는 날까지 투쟁을 멈춰선 안 돼요."

"그래, 주룡이 네 말이 맞아. 우린 열심히 일했으니까 그에 맞는 대우를 요구할 권리가 있어."

"주룡 언니, 이제 단식 그만하고 밥 먹어요. 우리랑 함께 끝까지 가야지요."

뼈가 앙상한 주룡의 등을 만지며 분이가 말했다.

주룡은 분이의 손에서 느껴지는 온기에 가슴이 뭉클했다. 공장에서 아기를 잃고 절망에 빠졌던 분이가 다시 힘을 내 주어 고마웠다. 주룡은 분이의 손을 꼭 쥐고 말했다.

"그래, 우리 함께 끝까지 가자. 죽기를 각오하고 뭉치면 못 할 게 없어. 우린 이렇게 해냈잖아."

주룡의 눈에 눈물이 고였다. 모두들 눈물을 글썽였다.

"그래, 우리도 사람답게 살아 보자고!"

주룡, 명자, 옥희, 분이는 서로 손을 굳게 잡았다. 언제 왔는지 덕이가 저만치 뒤에서 그렁그렁한 눈으로 주룡을 바라보고 있었다. 창문 밖 유난히 푸른 하늘에 낮달이 도장처럼 박혀 있었다.

> 그때 그 사건

🔍　　　　　　　　#노동_운동 #평원고무공장_파업

　　1920년 이후, 고무신을 신는 사람들이 많아지면서 조선에는 고무공장이 늘어났어요. 고무공장에 취직하는 조선 사람들도 점점 많아졌지요. 별다른 기술이 없어도 고무신을 만들 수 있었기 때문에 혼인한 이십~사십 대 여성들이 대부분이었어요. 공장에 취직한 여공들은 힘든 환경에서 일했어요. 환기도 안 되는 곳에서 독한 고무 냄새를 맡으며 하루에 열두 시간 넘게 일했지요.

　　하지만 여공들은 똑같이 일해도 남자 직공이 받는 돈의 절반, 일본인 노동자가 받는 돈의 사분의 일밖에 받지 못했어요. 부당한 벌금을 내느라 임금을 제대로 받지 못했고, 욕을 먹거나 맞기도 했지요. 그래서 노동 환경을 개선하고 정당한 돈을 받기 위한 분쟁이 일어났고 노동조합이 만들어지기도 했어요.
　　그러던 1929년, 미국에서 대공황이 일어났어요. 전 세계적으로 경제가 혼란해지자 조선의 고무 산업도 영향을 받았어요.

고무공장 사장들은 노동자의 임금을 깎아서 경제적 문제를 해결하려고 했어요. 노동자들은 그에 맞서 대규모 파업을 일으켰지만 결국 성공하지 못했지요. 그러던 1931년 5월, 평원고무공장 사장은 노동자들의 임금을 십칠 퍼센트 깎겠다고 일방적으로 통보했어요. 이에 강주룡을 포함한 평원고무공장 여공 마흔아홉 명은 공장에 모여 임금 삭감 반대를 외치며 파업을 시작했어요.

여공 파업단은 열흘 넘게 공장에 맞서 싸웠어요. 하지만 사장은 꿈쩍도 하지 않았지요. 여공들은 아사 동맹을 맺고 사장이 자신들의 요구를 들어주기 전까지 단식 투쟁을 하겠다고 말했어요. 그러자 오히려 사장은 여공 파업단 전원을 해고하겠다고 협박했지요. 결국 사장은 한밤중에 일본 경찰을 불러 여공 파업단을 공장 밖으로 쫓아냈어요. 하지만 파업단이 해산한 후에도 강주룡은 을밀대에 올라 여공들의 권리를 외치며 노동 운동을 이어 나갔지요.

인물 키워드

🔍 #노동_운동가

　1901년, 평안북도 강계에서 태어난 강주룡은 열네 살 때 가족들과 서간도로 이주해서 생활했어요. 스무 살에 다섯 살 어린 최전빈과 혼인했는데 얼마 지나지 않아 일제에 맞서기 위해 남편과 함께 집을 떠났지요. 백광운 부대에서 독립운동을 하던 강주룡은 집으로 돌아가라는 남편의 말을 듣고 홀로 돌아왔어요. 그런데 몇 달 후, 독립운동을 하던 남편이 세상을 떠나고 말았어요. 그러자 시댁에서는 주룡 때문에 전빈이 죽었다며 강주룡을 중국 경찰에 고발했지요. 강주룡은 경찰서에 갇혀 지내는 동안 단식 투쟁을 하며 자신의 무죄를 주장했어요. 일주일 동안 고생하다 풀려났지만 결국 시댁에서 쫓겨났지요.

　가족들과 조선으로 돌아온 강주룡은 평양에 있는 고무공장에서 일하기로 마음먹었어요. 돈을 벌어 부모님과 어린 동생을 보살피며 가장 역할을 해야 했지요. 평원고무공장의 여공이 된 강주룡은 매일 열두 시간 넘게 고무공장에서 일했어요. 하지만 고무신 한 켤레 값보다 못한 임금을 받아야 했고, 불량 고무신이 나왔을 때는 벌금을 내야 했기 때문에 그마저도 제대로 받을 수 없었어요. 게다가 작업반장은 여공을 괴롭히기 일쑤였고, 사장은 더 큰 이윤을 남기기 위해서 여공들의 임금을 깎으려고 했어요. 강주룡은 노동조합에 가입해 노동자의 권리를 배우고 다른 여공들과 뜻을 모았어요.

　1931년 5월, 평원고무공장 사장은 노동자의 임금을 십칠 퍼센트 삭감하겠다고 통보했어요. 당시 많은 고무공장 사장들이 노동자의 임금을 깎고 싶어 했기 때문에 평원고무공장 여공의 임금이 깎이면 다른 고무공장의 여공들도 임금이 깎일 위기였지요. 강주룡과 여공들은 임금 삭감 반대를 외치며 파업을 시작했어요. 사장이 파업단의 요구를 들어주지 않자 아사 동맹을 맺으며 더욱 굳은 의지를 보였지요. 하지만 사장은 일본 경찰을 불러서 파업단을 내쫓고 해고했어요.

   그러자 강주룡은 을밀대 지붕에 올라 큰 소리로 파업의 이유, 노동자의 권리와 여성 인권을 외쳤어요. 높은 곳에서 사람들을 내려다보며 이야기했기 때문에 '공중에 머물러 있는 여자'라는 뜻의 체공녀라는 별명을 얻었지요. 강주룡은 을밀대에 올라간 지 여덟 시간 만에 일본 경찰에 의해 끌려 내려왔지만 경찰서에서도 단식하며 투쟁을 이어 갔어요.

   강주룡이 을밀대 위에서 시위를 했다는 사실이 사람들 사이에서 퍼지며 여공들은 더욱 의지를 굳혔어요. 마침내 평원고무공장에서는 여공의 임금을 깎지 않고, 해고했던 여공들을 불러들이겠다고 결정했지요. 하지만 강주룡은 적색 노동조합에 가입했다는 이유로 1930년 6월, 경찰에 잡혀가 일 년 동안 감옥 생활을 하고 풀려났어요. 그리고 1931년 8월 13일, 평양 빈민굴에서 세상을 떠났지요.

강주룡처럼 독립운동과 노동 운동에 힘썼던 여성으로 이병희가 있어요. 이병희는 1918년 1월 경성에서 태어났어요. 아버지 이경식, 큰아버지 이원식 등 독립운동을 하던 가족의 영향을 받아 어렸을 때부터 민족의식과 항일 의식을 키웠지요. 이병희는 열다섯 살에 동덕여자보통학교를 졸업하고 경성여자상업학교를 다니다가 독립운동에 나섰어요.

1933년 5월, 이병희는 일제에 저항하는 동맹 파업을 하기 위해 일본인이 경영하는 종연방적주식회사에 위장 취업을 했어요. 방적회사는 섬유를 가공해서 실을 뽑고 천을 짜 내는 곳이었는데 대부분 여공들이 일했지요. 1936년, 이병희는 회사 동료 김희성, 박인선 등 여자들과 함께 노동 운동을 펼치다가 체포되었어요. 이 년 사 개월의 감옥 생활을 마치고 나온 이병희는 일제 경찰의 주요 감시 인물이 되었지요. 하지만 이후에도 여러 공장과 회사에서 노동 운동을 이어 나갔어요.

1940년, 이병희는 중국 베이징으로 망명해 의열단에 들어갔어요. 박시목, 박봉필 등 독립운동가에게 문서를 전달하고 군자금을 모았지요. 1943년에는 이육사와 독립운동을 계획하다 베이징 감옥에 갇히기도 했어요. 1944년 1월,

이병희는 혼인해서 얌전히 살겠다는 조건으로 풀려났으나 이육사가 감옥에서 세상을 떠나자 시신을 수습하고 유품과 유작을 유족에게 전달하며 끝까지 독립운동가를 도왔어요.

이병희는 스물일곱 살에 토목 기술자 조인찬과 혼인해서 몽고에서 생활하다 광복 후에는 신의주에서 살았어요. 이후에 월남해서 서울에서 지내다 1996년, 독립운동 활동이 세상에 알려지며 건국 훈장 애족장을 받았지요. 자신을 독립운동가로 인정해 주니 원이 없다던 이병희는 2012년에 세상을 떠난 후 국립대전현충원에 잠들었어요.

1930년대는 일제 강점기였기 때문에 노동자가 정당한 몫을 가져가야 한다는 노동조합의 주장은 조선에 쳐들어와 무엇이든 빼앗던 일제의 정책에 반하는 것이었어요. 또한 조선의 산업은 일본인 자본가, 일제 경찰과 긴밀한 관계를 유지하고 있었어요. 그래서 노동 운동은 독립운동의 성격을 띤 항일 노동 운동이었지요. 강주룡, 이병희는 노동 운동가이면서 동시에 독립운동가였다고 할 수 있어요.

한눈에 살펴보기

🔍 #여성_노동_운동_역사

　일제 강점기, 우리나라에는 노동자가 된 여성들이 많았어요. 주로 신발·양말·방적·방직공장 등에 취직해서 여공이 되었지요. 여공이 하는 일은 대부분 특별한 기술이 필요하지 않았기 때문에 여공은 쉽게 해고하고 쉽게 뽑을 수 있는 사람으로 여겨졌어요. 그래서 여공들은 제대로 된 대우를 받기 어려웠지요. 또한 여성이라는 이유로, 일제 강점기의 조선인이라는 이유로 괴롭힘과 차별을 당하는 일도 많았어요.

평양 고무공장 총파업
임금 삭감, 해고 반대

근로 기준법 제정

1923. 7.　　1930. 8.　　1931. 1.　　1953. 5.

태응양말 파업
임금 삭감 반대

함흥 편창제사공장 파업
임금 인상, 노동 시간 단축 등 요구

노동 운동은 노동자가 사회적·경제적 지위 향상과 노동 조건을 개선하기 위하여 펼치는 조직적인 활동을 뜻해요. 여성의 취업이 활발해지며 여성 노동 운동도 늘어났지요. 처음에는 임금 삭감 반대, 해고 반대 등 회사의 조치에 대응하는 것에 집중했어요. 하지만 점차 고용 평등, 동일 노동 동일 임금 지급 등 성차별을 없애기 위한 요구안을 제시하고, 회사를 다니면서도 육아를 보장받을 수 있는 법안을 마련하며 여성 노동 운동의 역사를 만들어 왔어요.

1979. 8.
YH무역 여공 사건
회사 폐업 조치에
항의하며 농성 시위

1985. 6.
S섬유 불매 운동
여성 노동자 부당
해고에 항의
"입지도 사지도 말자!"

1987. 12.
남녀 고용 평등법 제정

1991. 1.
영유아 보육법 제정

일제 강점기 최초의 여성 노동 운동가
강주룡

초판 1쇄 찍은날 2024년 5월 20일
초판 1쇄 펴낸날 2024년 5월 27일

글 김미승 | 그림 클로이
펴낸이 서경석
책임편집 김진영 | 편집 이봄이 | 디자인 권서영
마케팅 서기원 | 제작·관리 서지혜, 이문영
펴낸곳 청어람주니어 | 출판등록 2009년 4월 8일(제313-2009-68호)
본사 주소 경기도 부천시 부일로483번길 40 (14640)
주니어팀 주소 서울특별시 구로구 디지털로 272 한신IT타워 404호 (08389)
전화 02)6956-0531 | 팩스 02)6956-0532
전자우편 juniorbook0@gmail.com
블로그 blog.naver.com/juniorbook
인스타그램 @chungeoram_junior

ISBN 979-11-86419-96-0 74810
　　　979-11-86419-86-1(세트)

ⓒ 김미승, 클로이, 청어람주니어 2024

※ 이 책의 내용 일부 또는 전부를 재사용하려면 반드시 저작권자와 청어람주니어 양측의 동의를 얻어야 합니다.